我們沒有好好道別

理查・布斯比──著
Richard Boothby

Blown Away:
Refinding Life
After My Son's Suicide

專文推薦

愛是萬物的本質

林從一

一打開這本書，就讓這真誠、美麗與充滿愛的故事刺穿心頭，閱讀時切割的力道一層一層疊加，感到傷痛，最後流淌而出的，卻是撫慰人心的光芒。

幾度想放下書，馬上買機票，跨洋飛去看看我那兩個長年在外的孩子，親眼看看他們好不好，就算知道他們明明過得好好的。也幾度想到我那過世已久的父親。父親於我大四時過世，那一年，分不清楚是夢是醒，我常在六張犁山上，坐在他墳前，陪他聊天至天明，孤單、害怕、無知、虛無，卻能滔滔不絕說出我想說的一切，感到無比釋懷。

這場哲學家對於悲傷的探索之旅，掏空了作者，也掏空了讀者，一路上，層層剝除掩蓋人心的謊言，讓我們對於痛苦變得更加敏銳，卻也因此更能夠承載自己和他人的情感。在這哲學探索中，以悲傷為暗黑之鏡，讓我們獲得更明亮的視野，重新看待悲傷、知識、死亡、生命、存在與愛。

哲學追求真理，但作者悲傷的探索之旅卻揭發了哲學的遮蓋與謊言。

在精神分析的過程中，作者發現，他像一般孩子那樣，常被鼓勵甚至被要求追求成功，求取表現。他發現，當你無所不用其極地求取表現時，你常犧牲了很多，包括自我犧牲。大家都會把努力邁向成功的孩子當作乖孩子，但乖孩子是面具還是本來面目？常常，為了成功，孩子無所不用其極求表現，但是孩子怎麼可能是一種「僅僅為了成功而存在的生物」呢？常常，無所不用其極追求成功的孩子，內心充滿無助、悲傷與憤怒，乖孩子只是隱藏無助、悲傷與憤怒的面具罷了。

問題是，我們事實上也很享受成功，但同時知道我們犧牲很多，這才是真正令人無助、悲傷與憤怒的地方。

解決的方式是撤退到一個安全的距離，全面性的撤退，於是作者研讀哲學。哲學是一個非常理論性的活動，*theoria*（理論）這個希臘字的原義便是「遠觀」，從制高點觀察下面。從小開始，多年來他似乎一直站在樹上遠遠望向自己的家，但哲學與樹梢都是被放逐的位置，因此理論還只是一個不完整對待生命的位置。

哲學的位置讓他無法完整對待生命，不能好好向他的兒子道別。

死亡是一種生命淨化，讓我們看清，愛是萬物的本質，反向迴光地，只有愛可以讓我們看穿死亡，好好向死者道別。

「他的死對我是記憶浩劫，對他的回憶像一場海嘯，將其他的記憶都冲得一乾二淨，只剩下對他的一些重要記憶，在一片荒蕪中更顯耀眼。」只有在兒子死亡之後，他才與兒子的本質再度連結，像與兒子初生那幾年的連結。只有永遠失去兒子之後，兒子才回到他身邊，死亡讓父子之間紛紛擾擾的掙扎與緊張煙消雲散，「取而代之的是一種自然而然又讓人安心的連結感」。

我相信，對於自私的人來說，死亡就是死亡，死亡就是毀滅。對於依大愛（*agape*）而活的人來說，只要有人類存在，甚至有生命存在，他就存活著，他身體的死亡對於他來說是無害的，這是死亡的正義。對於一般人，也就是部分無私、部分自私的人來說，死亡帶走自私的部分，而留下大愛的部分，留下人性美善的部分，這是死亡的淨化。

「死亡不是終點，而是開端。當一扇門永遠關閉時，才是真正的打開。以正確方式解讀的話，死亡並不存在，因為我們心愛的人死去後，會重新出現在我們面前，變得比生前更有力且更純粹。從冥界回到我們身邊的，是已故者的靈，它們因走過死亡而得到淨化。」

真正的道別是一種道白、道愛、道謝與道歉，而人生是一次次不斷道別的過程，因此也是一次次道白、道愛、道謝與道歉的過程。好好地道別，不僅是表達自己的願望，更是一種完結事情、完整自己、成全他人的過程。

作者的悲傷之旅其實是重生之旅。重生有兩面，一面是死亡，另一面是生命。真正的重生必須先有徹底的死亡，真正的重生也必須帶來全新的生命，而這全新生命是那徹底死亡的一個直接後果。你自己徹底的死亡必須是你自己徹底的消失，重生不是你舊的自己持續存在或再一次存在，而是一個全新自我的誕生。

在悲傷的探索之旅的尾端，作者發現，他的孩子藉由自己的死亡，讓愛他的人重新發現愛是萬物的本質，從而獲得重生，得到救贖。

此書與你一起旅行，以哲學與精神分析，正視死亡之虛無，昇華悲傷，活出真實人性。人生無常，此書必看。

本文作者為華梵大學校長

專文推薦

再難以承受的失落，終究也能夠走出療癒的途徑

葉北辰

喪親是相當鮮明且重大的失落，和家人的關係越深厚，失落的衝擊越大。當家人是自殺身亡，這個失落又會蒙上一層更模糊的陰霾。自殺遺族的悲傷不僅難以啟齒，他們身邊的人也不知道如何提供支持，畢竟「自殺」在一般的社會文化下是個帶有禁忌色彩的字眼。

廣義的自殺遺族除了自殺者的親屬之外，還包括朋友、同學、同事，甚至是聽到自殺消息而情緒受到影響的人（例如媒體過度報導某個自殺事件，可能會激起模仿效應，或是某些民眾強烈的情緒反應）。

本書的作者是自殺遺族，他的特殊之處在於他是一位研究精神分析思想的哲學教授，在深愛的兒子自殺之後，他理解到自己的深沉悲痛需要專

業協助，也有足夠的心理能力（psychological mind）能夠自我探索。本書就是在他接受精神分析之後，陸續反覆動筆完成的自我述說。

作者經歷了自殺遺族常見的心路歷程，例如強烈的自責或罪惡感，覺得自己如果當時多做一點什麼，或是不要做什麼，是不是兒子就不會自殺。但作者的專業背景讓他可以探索自己的愧疚歷程。這樣細膩的描述，是其他自殺遺族無法做到的，意思是說，這個事件中的其他遺族，自殺者的媽媽、繼母、未婚妻和兒子等等，都經歷過他們自己獨特的悲傷歷程，但只有這個父親有機會將這個歷程細緻地描寫出來，讓一般讀者有機會透過這些描述更理解自殺遺族的心理歷程，同為自殺遺族的讀者也可能藉由這些文字照見自己的探索和共鳴。

自殺消息引發的創傷反應、回憶與自殺者的點點滴滴、與其他親友的互動和支持、回顧自己的生命經驗等等，本書中許多描述都是自殺遺族常見的內在歷程。這些過程並不輕鬆，有時甚至會感到非常痛苦，不過在心理能夠承擔的狀況之下，這樣的不舒服是心理調適的必經過程。這時候自殺遺族需要的可能是重要他人的傾聽陪伴，身為諮商心理師，我通常會提醒家屬們要找一個讓自己有安全感，能夠接納自己各種典型或不典型悲傷反應，不會太快提供建議的適合對象。

遺族家屬們也可以參與相關團體，例如二〇二二年剛成立的台灣自殺者親友遺族關懷協會，不但可以獲得有幫助的資訊（例如相關的繪本、影音或文章），也有機會參加活動尋求同儕支持。或者，自殺遺族也可以跟作者一樣，尋求心理專業協助。當然，諮商或心理治療不限於本書作者所接受的精神分析，不同學派看待人們改變的方式不同，談話的過程中會著重於不同的面向，但相同的是，心理師會協助當事人用適合自己的方式面對生命中的重大失落，探索內在狀態，產生作者在書中提到「轉變式的自我認識」。

最後，作者在致謝詞提到自己一開始寫這本書是為了熬過苦難，後來重寫多次，也搞不清楚是為了自己而寫，還是為了他人而寫（可能想對其他自殺遺族有幫助？或是為了自殺的兒子所寫？）。在我的臨床工作經驗中，透過各種形式的創作而發現意義，是失落悲傷的家屬常提到的療癒行動。這本書的撰寫與付梓，也是作者面對喪親之痛的自我重新建構過程，悲傷並不會因此消失，療癒也不會止息於此。對作者來說是如此，對於讀者來說也是如此。

本文作者為諮商心理師

專文推薦

從絕望到希望，致敬那能療癒我們的悲傷

鐘穎

人之所以會死，或許是因為愛需要磨難。

生死事大，而孩子的死對所有的父母來說，又是死亡經驗中最痛心的。它帶走了我們對未來的希望，帶走我們原先用以抵禦死亡焦慮的憑藉，使我們本欲留傳於世的血脈就此斷絕。

死亡本就是難以言說的經驗，特別是當死亡以暴力的形式出現時，更是會直接摧毀我們對世界的信念。孩子自殺就是當中最使人困惑且痛苦的例子。自殺遺族的心裡永遠帶著疑問，是什麼動機讓親人尋死呢？如果我當時做了什麼，或不做什麼，這一切是不是又可以挽回呢？

自殺者的父母親免不了會一直回憶起孩子年幼時快樂出遊或彼此依偎

的往事。但又是從什麼時候開始，孩子的心中種下了無情對待自己的種子呢？這本哲學家父親寫給自殺兒子的告白，就記錄了作者的反省與懺悔，以及想要搞清一切的努力。如作者所言，他落入了一場記憶的浩劫。但這終究只是獨白。

生跟死之間如神話所言，存在著無法跨越的鴻溝。因此獨白是不重要的嗎？當自殺者遺族的生命信念被摧毀，如果不能透過各種方式重建個人的故事，人就只能活在巨大的空洞裡。

因此我們才在本書中看見了精神分析這個過程，如何讓作者發現自己快樂無憂的童年回憶其實只是個偽裝，原先虛假的童年故事掩蓋了他情緒的暴力面。作者因此不得不去思考，難道是自己的壓抑反使孩子活出了他潛藏的執拗與怒氣？

我們又在書裡看見了致幻藥物帶來的靈性啟蒙，它讓作者經驗到了神與愛，一種對立悖反全然合一的奧祕體驗。原來日常世界，也就是「那個有務實的心智和穩定的自我認同的世界」，是一個「灰暗且扁平」的世界。他因此重塑了對生命與死亡的概念。

當我們與自己和解時，我們就能與世界和解。我總說世界是內心的延伸，不多也不少。

當我們偏執地只想活在有形的現實世界時，我們就忽略了另一個立體且豐富得多的內在世界。不論是否承認，我們都活在這兩個世界。但是生活如此困難，為了生存，我們常不得不被日常事務給填滿。如書中所言，直到悲傷將我們掏空，我們才能再次承載自己與他人的情感。如此說來，悲傷本身難道不具有療癒性嗎？

是悲傷治療了我們，還是我們得去治療自己的悲傷？翻開本書，你會明白悲傷不是一種病，而是一種我們必須拿出勇氣穿透和沉浸的黑暗，它是我們邁向更高整合與成長的必須。我們在個體化的路上永遠都得與黑暗相伴，但黑暗裡不是只有死亡，它也深埋著黃金。我們因此要學著去致敬那能療癒我們的悲傷。

這本書太痛了，可是又令人欣喜。因為作者用自己的生命經驗告訴我們，痛苦雖然不會完全過去，但它總會轉化成更有力量的東西。人的內心雖然有向混沌的潛意識逃避的動力，但也永遠向著光明與生命。最終，對逝者的回憶會變得愈發深刻，彷彿他有某部分融入自己的性格中。透過自己的眼睛，逝者正在觀看著生者眼前的世界；透過自己的眼睛，生者也在觀看著逝者曾經看過的世界。他的影像自此不再虛無，而是「從黑暗中出現的光亮與溫暖」。

行文至此，我們就能明白作者在接受分析之初所發生的神祕時刻了。他幼年時曾在清澈的湖裡捕獲一隻大鱷龜，為了取下牠的殼當戰利品，他和哥哥一起將牠放在火爐裡煮，結果屍體和龜殼全部碎裂糊在一起。又有一次，他們一起開槍獵殺鱷龜，被射穿頭部的鱷龜不僅沒死，還努力地抬起頭來，想要爬回潮濕的沙地，於是他們一槍又一槍地瞄準牠的頭部，但鱷龜依舊努力。

回想起童年的打獵時光，作者在一陣靜默後，聽見了遠方傳來的一句耳語：「動物對我們具有重要意義。」於是他在晤談室裡流下淚來。

讀者可能會好奇，動物的重要意義是什麼？許多地方的原住民都相信，動物是我們死去的親人所變成的，是寓居著我們靈魂的鬼魂兄弟（ghost brother）。當我們殘殺牠們時，我們內在的一部分也會跟著逝去。世界本是一體，親人之死使作者明白了這件事。

那又是誰說了話呢？從榮格的觀點而言，是我們人格中真正居於核心的「自性」（Self）說了話，他是神靈一般的存在，他為我們的生命帶來平衡與補償。就我來看，這一刻，治療真正開始了。他不再只是對著分析師說話，同時也在對自己內心那個更高的我說話。無可奈何的悲劇成為了翻轉生命態度的契機。當舊有的世界觀被鬆動，療癒就開始產生。

這是一本令人心碎的書，卻又這麼有意義。所有被悲傷淹沒而成為遊魂的自殺者遺族，所有關切療癒與修復的助人工作者，都會因為本書獲得深刻的領悟。祝願所有身處絕望痛苦的人們，都能因此獲得平靜與希望。

本文作者為諮商心理師／「愛智者書窩」版主

即使在睡夢中，無法忘卻的悲苦仍滴滴落在心頭。
在那絕望時刻，非我們所願地，從浩蕩神恩中降下了智慧。

——艾斯奇勒斯 Aeschylus

那是個橢圓形的小盒子。深色硬木製的蓋子上棲著一隻巧妙雕琢的小烏龜。烏龜探起頭，彷彿為了看得更遠一些努力伸長縮在殼裡的脖子。

那是我送他的禮物，我們在收拾他留在公寓裡的遺物時，我無意間找到的。剛好可以拿來裝些散落的小東西。粗糙的木紋盒底還輕覆著一層我兒子曾經沾染過的灰塵。

01

三月十二日，星期日

「他死了！」

電話那頭傳來焦急刺耳的聲音，聽起來很不真實。語氣悲傷失措，勉強說出口，卻又苦澀哽喉。是我前妻打來的，我渾身驚恐，立刻知道她說的是什麼。

「他死了。」她又說了一次，令人窒息的耳語，突如其來的親密感讓衝擊力道加倍。整個屋子天旋地轉。我伸手緊緊抓住桌子邊緣。

我像是靈魂出竅，在另一個時空裡旁觀自己的一言一行。我看見自己瞥了手錶一眼。十點五十分。我感覺到自己張嘴要說話，接著聽見自己的聲音在某個房裡響起。「發生什麼事了，艾琳？妳說清楚一點。」

微風吹拂著她蜜糖色的髮絲，落日餘暉將田野遠方那整排松樹染上光彩，綠樹下的草地金碧輝煌、如夢似幻。我倆都十六歲，對於能在這世上覓得交心伴侶感到不可思議。

「我不知道，」語畢，她哭了起來。「有個警察找上門，遞了一張紙條給我，要我照著上面的電話號碼打過去。我一看是安娜的號碼，就知道出大事了。」

兩歲的他戴著我的黃綠色滑雪帽在客廳裡嬉鬧，最後整個人笑倒在地上。

她停頓片刻，讓自己冷靜下來。「警察跟我說，我打電話時他會在旁邊。安娜接聽後，告訴我：『他走了，艾琳。』但我聽不懂她說什麼。『妳說他走了是什麼意思？他去哪裡了？』

「然後安娜說：『他朝自己開槍，艾琳。他開槍射自己，他走了。』我還是聽不懂。他對自己開槍，然後走了？他是開貨車走的嗎？他去哪裡？他走了是什麼意思？安娜只是不斷說著他走了、他走了，我實在不明白。」

「結果如何？現在妳搞清楚了嗎？他是不是開車離開了？」

有那麼一秒鐘，我同樣抱持著渺茫的可笑希望，心想說不定他只是受了傷，跌跌撞撞跑出去，或許奇蹟出現，他已經沒事了。

「沒有，他沒有開車離開。」

他坐在獨木舟前座，轉過頭來看著我，湛藍的雙眼在奧克蘭運動家隊的黃色帽簷下燦笑如月。

我深呼吸，放下那一絲絲離譜的希望，準備好迎接另一波真相的衝擊。

「現在誰陪著安娜？」說出口的一字一句都顯得吃力。

「警察在現場，還有安娜的哥哥。救護車剛把他載走。天啊，理查，我還是無法相信。」

她又開始啜泣。「理查，他們把他帶走了！他們把我的寶貝帶走了！」她的聲音飄忽顫抖，化成一計痛苦的哀號，像把長鋸往我身上劃下。

我感受到他手中握著那把手槍的重量。黑色的槍身，光滑，冰冷。

「小傑呢？他沒事吧？」

她再度停下來試著讓自己恢復鎮定，我有點失去耐性，只想趕緊確定我們三歲半的孫子是否安然無恙。

「聽說這整件事發生時他都在熟睡中，實在令人難以置信。就連艾蜜莉把他送去安娜爸媽家時，他也沒有醒過來。」

「妳在哪裡？」

電話另一端陷入沉默，好一會兒之後，傳來她的抽噎聲，她忍著不崩潰哭泣。「我在家，」她說。「我需要你立刻過來。」

02

那些都是十五年前的事了，感覺卻像是只過了十五分鐘。

我一直害怕會接到那通電話。有好幾個月、好幾年的時間，我看著我們二十三歲的兒子奧利弗逐漸步入毒癮的泥淖。那是一場怵目驚心、慢慢失速的列車撞擊事故。

他自殺的畫面曾經在我腦海中上演過，我預料會有這種駭人的可能性，可是當事情真的發生時，巨大的威力宛如從地底竄上來的爆炸朝我迎面襲來。我無法相信，我楞在那裡，身體裡的一切都被震碎了。

事發之後，我執著於尋找真相。我們怎麼會走到這一步？我當初要是做了什麼，或許就能預防憾事發生？渴求解答變得跟呼吸一樣必要。

我不肯罷休，拚命抓住各種線索好拼湊出一個合理的解釋。我仔細看了又看他的日記和信件。我翻遍他堆滿各種票根、銀行帳單和照片的抽屜。我一件一件檢視他的衣物、鞋子、光碟。我徹底整理他車上的垃圾雜物：各式各樣的工具、汗衫和不成對的手套、撕毀的地圖、抽完的香菸包、一盒盒油氈釘、皺巴巴的發票，還有空茶罐。

另一方面，我實在無法忍受各種虛假又膚淺的安慰。我不想要聽什麼不幸中的大幸、多往好處想、一切都會沒事的這類好聽話。我受不了各種語帶同情的好意。「奧利弗已經離開人世了。」「我很遺憾，請節哀。」「他已經安詳了。」為什麼不直接說，就說吧，講出「死」這個字。**他死了**。

或許知道更多真相會讓我更痛苦，但我就是想要痛苦。我想要往自己的傷口上抹鹽，唯有這般瘋狂我才能與他同在。我想要握著那把槍。

我也想要開槍殺了自己。

並不是因為想要殺死自己的念頭讓我感到恐懼，所以我才去找精神分析師，而是那股迫切渴望尋找真相的衝動。我想要知道奧利弗究竟怎麼了，是什麼原因導致他自殺。或許最重要的是，我必須了解自己，知道我在這場悲劇中扮演什麼角色。

接受精神分析對我來說有點彆扭，因為我本身對精神分析並不陌生，儘管主要是理論而非實務。我在大學時讀過佛洛伊德，求知的熱忱使我放棄當醫師的夢想，轉而選擇主修哲學。求學時期，對佛洛伊德的研究已經脫離醫學領域，屬於人文的範疇。有時連我也覺得世事難料，過了近半個世紀後，精神分析理論和現代哲學之間的交會，竟成為我任職大學的授課主題。然而這一次不是學術演練。奧利弗的死餘波盪漾，我自己也搖搖欲墜。

本書是一位父親藉由理解的方式，試圖去撫平生命中最深的傷痛。那一晚，放下電話以後，我的世界支離破碎。我失去最重要的東西，那是我會毫不猶豫付出生命去交換的東西。事實上，我覺得自己已經死了，只剩形骸在世上遊蕩。

想要知道為什麼會發生這種事的渴望，帶我走進安靜到令人不寒而慄的晤談室。從此開啟了一段漫長的心理煎熬，而比起諮商對話，更讓我痛苦的是什麼都說不出口的折磨。這場毫不留情的探尋過程持續很久很久，期間還包括我對自己的強烈質疑。兒子的死讓我陷入痛苦的自我審問。

經過幾年被悲慟打擊得一蹶不振之後，事情有了出乎意料的轉變。我似乎再度重拾自我、重新找回生活，連我自己都覺得難以置信。這種又活了過來的驚喜，主要來自於探索自我所累積的成果。然而我也不得不面對，我並非自己一直以來認為的那種人。

最奇特的是，最終帶給我平靜且讓我重獲新生的體悟，是接受自己不知道也無法知道的事情。這是我從未料想到的結果，尤其身為哲學教授，追求知識和理解是我終其一生的熱情。事實上，這樣的轉變等於推翻了我的哲學信仰，跨出明確的理論所帶來的安全感，讓我必須忍受，甚至擁抱各種不確定性。不過我想這充其量只是一種進步。與未知和平共存讓我尋得安寧，以及未曾預想過的心靈豐富和浴火重生。

這本書就是要訴說這段不可思議的旅程。

03

三月十三日，星期日到星期一

掛上電話以後，我看向站在房間另一頭的芮貝卡。她一臉驚慌。「他自殺了，」我脫口而出，強忍淚水，不敢相信自己說出口的話。「奧利弗開槍射死自己。」

她屏住氣息，嚇得不由自主地用雙手摀住嘴巴。

一個荒謬的念頭閃過我腦海，我彷彿在對著學生講課：「這是一個人感到驚恐時的典型表情。恐怖電影的海報上經常會出現的臉孔。」一張張電影海報從我眼前飛掠而過，不論是瓊・芳登（Joan Fontaine）或黛碧・海德倫（Tippi Hedren）畏縮又目瞪口呆的扭曲神情。你一定看過這樣的電影。

「我得過去一趟，」我說，打破宛若過了很久的幾秒鐘沉默。

「我知道，」芮貝卡把我緊緊擁入懷中。「我知道，我真的很難過。天啊，理查，我真的很遺憾。」她臉上滿是同情。她早就明白這樣的事有可能發生。過去幾個月來，我們都為奧利弗憂心不已。

「不用顧慮我。我知道你必須回去。」

她雙手環抱著我，我感動得說不出話來。後來我才想到，我們兩結婚還不滿一年，我這樣突然在深夜跑去找前妻，對她來說一定不好受。她一個人獨自留在家裡，不知道狀況究竟如何，也不曉得能幫上什麼忙，還要忍住不多過問，也不確定我什麼時候回來。一切都不確定。

我心急如焚，闖了沿途的每一個紅燈。**他死了**。這幾個字一直在我腦中盤旋，很不真實。

我預期抵達之後，要扮演安慰者的角色。這是我指派給自己的任務。所以當艾琳出現在門口，抬起頭用哭紅的雙眼看著我，臉色蒼白又驚慌，頭髮也很凌亂，我表現得還算鎮定。可是當她撲身抱住我，身體因為啜泣而不住顫抖時，我跟著崩潰了，淚水奪眶。我哭得不能自己。

「我需要坐一下，」我止住眼淚，走進她家的客廳。

坐在沙發上，我以為最糟糕的部分已經過了，但是當我抬頭望向她時，她看著我的眼神像小孩一樣難過又害怕，好像在拜託我做點什麼事、告訴她不用擔心，以及想辦法讓問題好轉，我又忍不住哽咽。一股難以忍受的無力感湧上心頭，我什麼事都做不了。最壞的情況已經發生，一切都沒有轉圜的餘地了，再做什麼也只是徒勞。我快要無法呼吸。我告訴自己要冷靜，但襲捲而來的黑暗越來越深。

身體的顫抖最終慢慢平息，取而代之是一種奇怪的輕鬆感，就像夏日颶風過後那種突兀的寂靜。我隨手拿起她的菸盒。我已經好多年沒抽菸了。我點了根菸，急切又滿懷感激地吸上一口。從第一口菸開始，我就深刻感受到與兒子的連結。他抽菸的樣子很古怪，第一口菸剛從鼻子呼出，就趕緊再吸上第二口。我想都沒想就做出相同的舉動。

「有什麼可以喝的嗎？」

她拿出一瓶伏特加，我直接喝了起來，她則是摻了些通寧水喝。我們就這樣坐了一個多小時，一邊抽菸，一邊喝酒。尼古丁加上酒精的作用讓我們都鎮靜許多，當然也是因為有點事情做可以分散注意力，最重要的是，哀傷的兩個人可以彼此慰藉。她又說了一遍經過：警察在晚間十點半左右上門，莫名其妙要求她打通電話，她一看號碼是安娜的手機，電話裡安娜說「他走了」讓她感到一頭霧水。

我不斷追問艾琳更多細節，但她知道的也不多。我們本來考慮要打給安娜，旋即打消念頭。安娜的兄妹在警察到場後不久也趕過去了。遺體被帶走後，警察也離開，接著安娜去其中一個哥哥的住處留宿。她妹妹艾蜜莉把小傑從床上抱起，帶去她父母家。我和艾琳兩人陷入沉默。我們痛苦地意識到自己什麼事都做不了，甚至什麼話也無法說。

「我該去睡了，」她虛弱地說。看得出來她累壞了。「能不能拜託你留下來陪我？」

「我會睡在沙發這裡。」

「不，拜託，我需要你陪在我身邊。」

「好，」我毫不猶豫就答應了，沒特別想到與前妻同床有什麼不對勁，但我讓她自己先進房，我隨後再去。我想要再坐一會兒，還要多喝幾杯伏特加才有辦法入眠。艾琳已經筋疲力盡。我在這裡陪她，她可以安心一些，緊繃的情緒可以暫時鬆口氣。打了電話跟妻子說我今晚不回家之後，我一個人再度陷入黑暗之中。

片段的回憶閃現眼前。四歲的奧利弗有雙骨碌大眼，對凡事充滿好奇，沿著卡倫海灘不斷拍打著浪花的岸邊朝我奔來。在活水湖公園裡，我幫他推著盪鞦韆。我唸蘇斯博士的繪本《絨毛樹》（*Lorax*）給他聽，他小小的身軀蜷縮在我的臂彎裡，故事內容他早已記得滾瓜爛熟，要是我漏掉哪一頁，他會立刻出聲抗議。某個週日早晨我們在公寓裡一起做煎餅，他站在椅子上，單手緊握著金屬鍋鏟，抬起頭對著我笑。我刻意壓低聲音用口技發出腹語，替他那位看不見的朋友「史坦利」配音，講到我喉嚨都啞了。

突然間，一輛警車閃著燈。後頸彷彿遭到電擊般傳來一陣刺痛。我看見他冰冷的身體被抬上救護車。我看見被單上滿是鮮血。

我走進房間時，艾琳已經入睡。她縮著身體側躺著，看起來如此瘦小。我爬上床時，她翻身動了動。一切如此熟悉，畢竟我們共度了二十二年的婚姻生活。這段婚姻在大約六年前結束。此刻，身旁傳來她身體的溫度，聽見她的呼吸聲，一股強烈的懊悔和失落感湧上心頭。婚姻破裂讓我很受傷也很無奈，我一度懷疑自己是否還有可能振作起來。現在躺在床上，我的肺部因為連續抽了兩小時的菸而喘不過氣，我的頭因為喝酒而一片混沌，已經被離婚撕裂的過去，似乎又被拖進墳墓裡。

醒來時只有我一個人。我花了好一會兒才搞清楚自己在哪裡，接著又想起我為什麼在這裡。如往常般的早晨，只不過我居然躺在前妻的床上。令人難以招架的衝擊力道迎面襲來：接到奧利弗開槍自殺的可怕消息，我們陷入一陣恐慌，焦急地想要做點什麼，不論什麼都好，卻發現自己根本束手無策，跌入無計可施的絕望谷底。

艾琳坐在餐桌前，雙眼無神地望向窗外那片寧靜的後院。我走過去，她站起身，兩人不發一語互相擁抱。她又哭了起來。我們都不知道要說些什麼，就只是站在那裡，好像彼此是世上唯一僅存的依靠。最後她抽開身，用盡力氣說：「他現在在哪裡？他被帶到哪裡去了？我要知道他在哪裡。」

昨晚我已經思考過這件事，心裡早有了清楚的答案。他的遺體應該被警方運往停屍間。我的腦海裡上演過那些畫面——不鏽鋼輪床和令人毛骨悚然的冰櫃。

「妳昨晚不是說他被救護車載走，」我起了頭。

「我們應該跟著去的，」她說道。「他就這樣孤單一個人。我們應該要陪著他。」

她這番話讓我感覺像是被指控一樣，整個人愣住了。我竟然沒有想過要去找他。為什麼？我不覺得丟臉嗎？我不是應該不顧一切趕到他身邊去嗎？

這天上午我們跟昨晚一樣，兩人一起坐在沙發上，一會兒哭泣，一會兒沉默無語。打電話通知親友這個消息，只是讓我們的痛苦反覆發作。奧利弗一次又一次在我們心中死去。

艾琳的妹妹安妮安排好搭下午的班機過來巴爾的摩。我們去機場接她回來之後，心力交瘁地坐在客廳沙發上，還好有菸可以抽，也還好安妮過來陪我們一起落淚。我恍神看著幾件熟悉的家具：藤製長椅、核桃木摺疊桌，以及被我母親漆成亮綠色的古典溫莎椅。這些東西是從我們家族在緬因州的透納（**Turner**）曾經擁有的一間避暑小木屋裡搬過來的，那個地方距離我們在坎伯蘭（**Cumberland**）的住處只有一小時車程，可是感覺像是另一個世界。

過沒多久，艾琳的朋友蜜雪兒也來了。小小的公寓裡人越來越多，初聞兒子死訊時的那種苦澀衝擊變成讓人好過一點的麻木感。我們無奈地接受了「奧利弗應該希望被火化」這樣的想法，於是蜜雪兒打電話聯絡她認識的葬儀社。艾琳和我都沒辦法打起精神或有足夠的專注力來處理這種事。我又多待了一小時，但也該走了。我心想回到自己家，有芮貝卡陪在身邊，我會舒坦些。她一定很擔心。

我跟芮貝卡是在六年前認識的，當時我和艾琳才離婚四、五個月。她是巴爾的摩交響樂團的小提琴手，我觀賞她演奏好幾年了，某個週日下午我獨自去聽音樂會，心裡突然冒出一個瘋狂的念頭。何不去認識她？我站在舞台的後門外，希望可以巧遇她走出來。

我告訴自己這純粹是出於好奇，我只是想要知道為什麼這位女士總是能夠吸引我的目光。我心想她八成已經結婚了，要不就是已經有男友。但是當我們在街上邊走邊聊時，我很快就為她感到著迷。我嘲笑自己簡直是自找麻煩，畢竟當時我還沒準備好這麼快就投入下一段關係。

我們交往了快四年才同居，因為我想要也需要放慢步調。而這四年的時間是如此美妙。雖然我們從事的工作天差地遠，一個是藝術表演者，一個是學校教授，但兩人一拍即合，我們都從未有過這樣的感受。

芮貝卡與前夫有個十歲大的兒子，所以我們更加能夠理解彼此的處境，尤其她兒子杜威也有些狀況——亞斯伯格症候群，再加上唇腭裂和嚴重的聽覺障礙。我實在羞於承認，杜威的問題讓我對於兒子日漸沉淪的情況稍微不覺得那麼難堪。

我回到家以後，原本狀況算是穩定。雖然沒什麼胃口，但我坐下來跟芮貝卡和杜威共進晚餐，心情平復不少。我花了快一個小時的時間告訴芮貝卡事發經過，有點冷漠又超然地描述相關細節。她並不是第一次經歷親友死亡，特別是她前夫近來剛過世，他們離婚後因為共同扶養杜威的關係，依然保持緊密的關係。就像我和艾琳一樣，他們兩人還是經常連繫。我很感謝芮貝卡的支持。

然而，晚餐後，當我坐到書桌前，那種撕心裂肺的感覺又回來了。眼淚停不下來，悲傷如鯁在喉，我覺得自己快要被令人窒息的淚水給淹沒。

我們怎麼會走到如此悲哀的地步？我感到無奈又無助，很多事情無法挽回，做過的事也無法重來，那種痛苦根本說不出口。

他的手指扣著扳機。我之所以不斷回想那一幕，難道是因為我想像奧利弗的死所隱藏的祕密，甚至是他這一生的祕密，可能就被凍結在那一瞬間，如同昆蟲被封存在琥珀裡？要是我能夠知道他最後一刻在想什麼，是否就可以解開這個祕密？

他扣下了扳機。子彈什麼時候觸發的？什麼時候擊中他的腦袋？什麼時候他沒了命？或許他也是在賭一把。或許他只是心煩意亂擺弄著過去兩、三年帶給他陰暗愉悅的槍枝。還是說，在最後一刻，那不過是一種絕望又令人心痛的死亡遊戲？

又或者，深沉的絕望盤踞心神，他的腦袋其實一片空白。他真的想要扣下扳機嗎？假如子彈奇蹟似的卡住而無法發射呢？假如他聽得見槍管內嚇人的轟轟聲，以及震耳欲聾的爆裂聲呢？果真如此，他有沒有可能被嚇得退縮——「喔，天啊，我差點射死自己！我真是個蠢蛋！幸好這該死的東西沒有真的發射！」然後他逃過一劫，被自己的魯莽給嚇壞了，或許甚至對生命的價值有了全新的體悟。

可是子彈偏偏就是發射了。如果他的死不是自己的選擇，而是不小心的意外所致，我要怎麼承受這個事實？如果這是一場荒腔走板、無可奈何的意外，不會更令人痛苦嗎？

不過，話說回來，也許以上都不是真實的狀況。說不定他就坐在床上，糾結的思緒在腦中盤旋，他努力想要爬出深淵，他痛恨自己的種種失敗，他墮入越來越黑暗的漩渦。說不定他只想要一把推開所有的煩擾，就像是一口吐掉李子核，或是彈掉燃盡的菸頭。

04

我看著我們父子倆在科羅拉多州拍的一張合照。我完全不記得是誰幫我們拍的。

那時候，我在他身邊。

已經過了晌午，我們剛離開丹佛市，開車往南駛去。父子共遊是艾琳的主意，當作是給奧利弗好不容易完成高中第一年學業的獎勵。開了四小時的車，奧利弗提議停下來，走進科羅拉多州廣袤的沙漠，一大片蔓草和灌木叢往四面八方延伸數英哩。西邊，山巒已被夕陽覆上陰影。我們靜靜地站著，被眼前這片壯闊又靜謐的景觀給震懾了。視線範圍內看不見其他車輛。陽光灑落，空氣彷彿凝結一般。蟲子發出的嗡嗡聲都顯得異常響亮。

大沙丘國家公園（Great Sand Dunes National Monument）是一個很合適的停駐點。我們都說不出為什麼，或許是因為遺傳密碼上有道奇怪的皺褶，讓我們父子都對沙漠景觀有種特別的情懷。是因為沙漠幽靜而遼闊嗎？是因為荒涼的環境充滿挑戰？還是因為寂寥之處反而有種獨特的魅力？

我們在快要日落時抵達目的地，正午的炎熱已經消散，整個地貌沐浴在夕陽的金黃光芒中。綿延幾英哩的沙丘讓我們難以抵抗。雖然我們搭了一個早上的飛機從巴爾的摩抵達丹佛，然後又從丹佛開車南行，來到這裡已經很疲倦了，但我們還是邁步往沙丘前進。

坐落在桑格雷克里斯托山脈（Sangre de Christo Mountains）西邊的大

沙丘，有著約莫六十平方英哩、近乎連綿不絕的沙漠，堆疊隆起處可達八百英呎高。營區的保育員告訴我們，這裡的地勢成因是風吹過西邊狹長而平坦的沙漠時，沿途散落沙粒，然後在沙漠東側邊界的山壁底部翻騰打轉。我們離開停車場後，跨越乾涸的溪床，朝波瀾起伏的沙丘勝地前進。夜晚的側光更加凸顯沙丘的宏偉，以及風蝕雕刻出的波紋蕩漾。這絕倫的美，讓跋涉的艱辛都值得了。此刻，我們兩人盡情享受這整片壯闊沙丘。

太陽落下後，滿天星斗映入眼簾。隨著天色漸暗，星空益發燦爛耀眼，星星彷彿近在咫尺。一陣清涼的晚風吹起，於是我們躲進兩座高聳沙丘間的山谷。風無法穿透到這個低谷，我們趕緊架起戶外烤爐，煮了兩碗即食起司通心麵，明明是簡單的露營餐點，嚐起來卻無比美味。我們躺在沙地上仰望籠罩天際的群星，衣服都已冰涼潮濕。我們低聲交談，莊嚴對待如此雄偉的地方，就像觀光客走進大教堂內肅然起敬一般。

「我們真是做對了，老爸。」

「你說來到科羅拉多？」

「對啊，還有今晚來這邊。這地方太棒了。」

「沒錯，真的很壯觀。我從沒看過像這樣的沙丘，我想起《丁丁歷險記》裡有一集，丁丁和阿道克船長到撒哈拉沙漠裡的情節。」

「對，你就是阿道克船長！」奧利弗笑著說。

「你這是什麼意思？」我半開玩笑地抗議。「我一直覺得自己是丁丁才對。」

「才怪！」他說。「阿道克船長是水手。喝醉酒的水手。就是你。」

「這麼說來，你就是丁丁囉，奧利弗。對嗎？」

他似乎想了一下，或許是在翻閱記憶中我們在他小時候一起讀的歷險記。

「對，我是丁丁，」他說。「丁丁總是在尋找什麼。」

「沒錯，少年偵探。所以你在找什麼？」

他停頓片刻，就著星光展露一抹微笑。「等我找到的時候才知道。」

我們起身準備走回停車場的時候已經半夜了，攀爬出避風的谷地時，根本搞不清楚我們的位置在哪裡。我透過星象大略知道停車場入口在東方，可是沙地經過風的吹拂，早就把我們來時的足跡抹去，不可能原途重返。沒關係，只要一直往東走，就會抵達離開停車場以後跨越的那個溪床，從那裡就能找到回去的路。我稱讚自己這個冒險計畫，但也止不住心中升起的焦慮。我們身上只穿著短袖T恤和短褲，忍受中午的高溫沒問題，但現在開始打起寒顫。

計畫只實現一半。我們成功找到溪床，但經過三、四個鐘頭的時間，一切都變了樣。傍晚時溪床還是乾的，此刻眼前已是一股奔流，又深又湍急，我們躊躇不前。為了轉移不斷累積的焦慮感，我開始推測這種變化的可能成因。滾滾流水會不會是夜晚空氣蒸發速度改變所造成的結果？有沒有可能現在這個讓我們無法回到車上的翻騰流水，在白天高溫下就蒸發消散到沙漠空氣中？

「老爸，」奧利弗說。「你在開玩笑吧。你的哲學腦又想太多了。這可能只是灌溉的水，從上游某處注入用來灌溉谷地的農田。」

雖然他這樣回嘴讓我覺得有點被鄙視的感覺，但我不得不承認他的解釋更有可能。我默默思考自己這個稍嫌不著邊際的理論，卻也為兒子想出更棒的說法感到驕傲。

涉水過溪已經夠驚險了，對面岸邊長滿茂密灌木的陡峭堤防又讓艱鉅程度加倍。我們認為最好還是朝下游走，找個比較容易登岸的地方。

夜晚的寒意加上想要回車上休息的渴望，催促我們沿著溪邊前行，直到陌生的地形清楚顯示出我們判斷錯誤，走了不對的方向。前往停車場的路徑是在上游，不是下游。父子倆哀號著掉頭再次出發，努力打起精神保持雙腿移動。

又過了半個小時，水勢有增無減。如果現在不過去，就別想過去了。我們脫掉鞋子，小心翼翼涉入湍流中，雙腳陷進溪床上鬆軟的泥沙裡，冰涼的溪水浸濕我們的短褲。水流的衝擊力道讓我們不斷失去平衡。我怕自己或兒子，或是我們兩個人，都會跌入急流中。

成功抵達對岸之後，還有堤防的難關，我們得穿過雜亂的灌木。即便泥沙不斷沖來使人心煩意亂，岸上的灌木叢更像是惡夢般的阻礙，我們終於脫離這裡，身上滿是擦傷，上氣不接下氣地走到了長著零星仙人掌和山艾樹叢的平坦沙漠。這片平地再過去，就是能通往停車處的道路。萬萬沒想到跨越這一區也是個挑戰。奧利弗穿著勃肯涼鞋和棉襪，才走沒多久就被低矮仙人掌的尖刺扎得叫苦連天。畢竟是在黑暗中行走，要躲也躲不掉。

在這之前，我沒有注意到他腳上穿了什麼，現在對他這麼荒謬的選擇感到有些惱火。我們又前進了一會兒，但他這樣不斷哀叫也不是辦法，我決定揹著他走。可是剛把他揹到背上，我心中就出現了一個不妙的念頭：身處夜間的沙漠，地上可能有響尾蛇在爬行。不論這個想法有多少理性的成分，又添加了我小時候對蛇的莫名恐懼。於是，前方路途成為有驚悚蛇蟲出沒的地雷區。

我努力振作精神面對眼前挑戰，那些像是在嘲諷我總會屈服於它們的心理恐懼，喚起我的理性思考。萬一我真的倒霉被蛇咬了，奧利弗肯定揹不動我，不管有沒有穿鞋都一樣。如此一來，我們就會在科羅拉多沙漠的漆黑夜裡，陷入求救無門的窘境。解決辦法只有一個，就是回到溪邊的灌木叢裡找根木棍，一邊前進、一邊用木棍驅趕前方的敵人。半小時後，找到堪用的木棍，我們再次上路。

我氣喘吁吁揹著奧利弗行走，他盡可能用木棍向前揮趕開路。我們的模樣十分滑稽，漫漫長路中兩人不只一次噗哧笑出來。加起來有三百磅、四隻臂膀的兩個人，半夜在科羅拉多沙漠戳刺前進。

05

我不自在地往後靠向沙發試著放鬆下來，我知道有位女士坐在我後面看著我，這種感覺讓人不太舒服。時間的流動似乎被擾亂了，快慢無常。想要說些什麼的衝動像根魚刺卡在我的喉嚨裡。

她是芭芭拉．弗蘭克爾醫師（**Barbara Frankel**）。如同其他許多精神分析師，她把晤談室設在自己的住家，就在屋後加蓋的一間平頂辦公室。這是一棟很大的木造灰色老宅子，四周環繞著高大的樹木。我以前就來過這個地方。奧利弗死後不到一個月，我開始前來接受她的分析治療，每週進行一次所謂的「面談輔導」。但顯然我需要更密集的課程，所以一個星期四次，我會坐在她的診療沙發上。

我曾經短暫接觸過精神分析。三年前的春季學期，我前往巴黎進行學術休假，主要的任務是完成一本關於法國精神分析師雅各．拉岡（Jacques Lacan）的書最後兩個章節。次要任務則是跟著拉岡學派的穆斯達法．薩福安（Moustafa Safouan）教授做短期研究，他是一位年長的埃及移民，性格沉靜且和善。我的研究用法語來說是 *une tranche d'analyse*，意指「分析的一塊切片」，聽起來像是一種餐後甜點。我原訂跟著薩福安一起學習半年，但到了第四個月就匆匆趕回家，因為我接到電話通知，兒子奧利弗意圖自殺。

後來一位精神科醫師告訴我們，奧利弗這麼做比較像是希望藉由這樣的演出發出求助訊號，而不是真的想要尋短。傍晚時分，他知道艾琳快要下班回到家了，他躺在浴缸裡割腕——橫向劃傷手腕，而不是沿著動脈縱向劃開，那會更加致命。

我把頭倚在診療沙發的靠枕上。我像是第一次造訪似的環視房間，因為焦慮而冒著冷汗。三面牆上都有大片窗戶，望出去可以看見屋後茂密的樹林，另一面牆上是一排排藏書。我把注意力擺在雨打在屋頂上的滴答聲，暫時忘記那份不安。

「這讓我想起雨水落在透納那間渡假小木屋的聲音。」

我遵照精神分析的基本規則：想到什麼就說什麼，不論是瑣碎或無關緊要的事，甚至是胡思亂想。至少現在這麼做對我來說並不算太困難。話語自然而然就吐露出來。

這些方法我在薩福安教授那裡做研究時就學過。只要把話說出來，讓話語隨著自我意識流洩而出。薩福安很少開口，通常只是複述我說的一些用詞，但效果往往很驚人，像是加上標點符號就能改變一個句子的意思。

他的靜默同樣充滿力量，有時候甚至更有力道。在我說出一件讓自己感到羞愧的事，或是提及特別痛苦的回憶時，他什麼都沒說反而讓我震驚，彷彿一記當頭棒喝。沉默中，那些話語像是從別人口中說出的，最後又回到了我自己身上。這是拉岡教學的基本做法。無論我們心裡想什麼，我們說的幾乎總是比我們想要說的多。

「至少，」我繼續說：「別人會說那是一棟小木屋。但我的祖父母稱它是『營地』，現在想起來不免覺得有點奇怪。」

那是一個沒有好好維護的地方，建築工法簡陋，挑高的天花板、多節松木搭成的牆壁，屋子四周都有廊台。它跟弗蘭克爾醫師這間屋子一樣，都漆成藍灰色。我祖父在一九三〇年代早期以一千美元買下那棟小木屋。他又花了五百美元，在「宜人湖」（Pleasant Pond）的北側買了一片林地。總之就是在一個荒涼的州的一個鳥不生蛋的地方。但那裡有我最無法忘懷的童年記憶。我現在做夢都還是會夢到它。

為什麼我要跟她說這些？有什麼意義呢？現在一切還有什麼意義？

接下來我陷入絕望的停頓，我開始後悔來這裡接受精神分析。感覺像是我欠奧利弗的，在發生了所有這些事情以後，這是我唯一能做的。可是這麼做又像是一種自我沉溺。

彷彿為了轉移注意力，突然間我被晤談室裡舒服的氣味給吸引——肥皂和咖啡的香氣恰到好處地掩蓋過陰冷壁爐的焦味。在透納小屋裡，每天清晨室內還漆黑一片時，蜷縮在被子裡的我也會聞到後方廚房的柴爐飄來的味道。接著我會聽到爐蓋的鏗鏘聲響，聞到燃燒報紙發出的一股清香。一如往常，祖父起得比大家都早，他會先點燃爐火。不久後，溫暖的氣味就會沿著狹窄的樓梯一路飄上來。

奧利弗小時候經常跟我去那邊；不是去小木屋，在奧利弗還沒出生前的幾年，我父母就被迫賣掉那個地方。我們會去湖的北邊那片廣大的樹林。那裡有高聳的松樹遮蔭，是我祖母說的「野餐基地」。在我讀研究所的那幾年，特別喜歡穿越林地到湖邊，清理枯木和樹枝，騰出一處露營的空間。

我們父子倆第一次去那裡的時候，他只有四歲大，我從波士頓開了三小時的車過去。艾琳不怎麼喜歡搭帳露營，而且討厭蚊子，所以通常沒有跟我們一起去透納。但是奧利弗很喜歡那裡。他最感興趣的是，把砍下或風吹落的一大堆樹枝堆起來燒掉。我們會在樹枝堆上淋汽油、點燃，眼前立刻就會冒出蕈狀的熊熊大火，然後我們在旁邊忘情狂舞，頭頂上巍巍的樹木如大教堂一般雄偉。火堆在夜幕低垂後更具有魔幻的力量。每丟入一根木頭，就會有一團橘色焰火竄起又消逝在黑暗中。

還有獵龜。奧利弗愛極了這項活動。我小時候便練就一身好手，抓到的大多是黃腹的錦龜，龜殼邊緣有紅色斑紋，偶爾也會抓到巨型鯛魚，把我妹給嚇壞了。在野餐基地，最棒的時刻是充滿陽光的早晨，這時候錦龜會爬到靠近岸邊的木樁上。我會划著獨木舟，順水而行靜靜靠向牠們，而奧利弗則是坐在前面，等烏龜撲通下水時撒網。好幾次我們一個早上就能抓到六隻烏龜。我們會任牠們在船底擺動四肢，等到中午下水游泳時再把牠們放走，看著牠們奮力游進深水區。

「快點，老爸。我好像看到一隻了。」他拉拉我的睡袋。我緩緩翻過身，睡眼惺忪嘆口氣。「來啦，來啦，」他說道。「我拿好漁網了。我們可以出發了！」天才剛破曉，他就已經到岸邊探測目標。

「這實在令人難以承受，」我說，打斷自己的故事。

「難以承受？」芭芭拉在我停下來時這麼問。

我不禁想起在透納的那些日子，但如今奧利弗死了，回憶變成一種煎熬。我們共度的時光是如此美好，回想起來只會讓現在的心情變得更糟糕。

芭芭拉沒有多說什麼。

我為什麼要花一百美元的鐘點費來這裡重溫那些記憶？是因為透納小鎮對奧利弗來說很重要嗎？他以那個地方為兒子小傑命名，傑克森・透納・布斯比，可見那些回憶對他來說有多可貴。

此刻我莫名想到一個問題，我以前從來沒有認真思考過這件事：有關透納的一切，對奧利弗來說究竟有什麼意義？我們父子倆在那裡共度的時光對我而言彌足珍貴，對他來說也是嗎？

我又停頓了好一會兒，沉浸在自己的思緒中。

「你不知道這對他真正的意義，」芭芭拉說道，像是要把我拉回正題。

對，我不明白。我們就從事一些爸爸會帶兒子做的活動，露營、生火、劈柴、用竹籤串烤熱狗，還有划船和獵龜。難忘的回憶。但不只如此。我們之間似乎有什麼交流；我想要把我小時候在透納學到的東西傳承給他。

「那麼或許真正的問題是，透納對你的意義是什麼？」她說。

這個問題在我耳邊迴響，我突然覺得很奇怪，為什麼我最先想起的是營火和獵龜。為什麼會是這些回憶？答案隱約可見：營火和獵龜就是連結，如穿針引線般，串起我年少時期的透納和我想要跟兒子一起重新體驗的透納。因為小木屋賣掉了，所以他沒有機會接觸到我在那裡的其他夏日回憶，而現在那些回憶全部湧上我心頭。

在那個地方我們得不斷幹活，眾人戲稱它是「苦行之地」。我們必須不斷砍樹和清理樹枝，當時我們常常燃起盛大的營火。我想起有一年，我們把屋外的門廊都刷洗乾淨並塗上新漆。還有個夏天，我們汰換沿路上腐壞的杉木欄杆。我們還做過浮標，把一個灌滿水泥的大木箱投入湖中當作定錨；我們用木頭滾軸把沉重的箱子拖到湖邊，然後推下水——我父親說這是「法老王技法」。

我爺爺和我父親合力完成每個步驟……

「你爺爺？」

對，我的名字是跟著他取的。理查・帕金斯・布斯比。我們都叫爺爺「工班帕克」。他在車庫裡堆滿一大箱的透納工作服，常被我們拿來當作笑柄。有一次我哥哥在箱子上漆了一個標示：爺爺的行頭。爺爺個頭瘦小，很注重品味和穿扮體面，但他在透納時總是穿著寬鬆的連身褲，上面沾滿油漆，還有股松節油的味道，搭配手肘處磨破洞的絨布衫，以及第一次世界大戰時穿的打釘靴，或是沒人看過的特殊款式帆布鞋。還有帽子。奶奶老是抱怨他穿戴那些醜不啦嘰又皺巴巴的東西。

我爺爺和我父親的感情很好。我父親也算是「工班帕克」的成員。我對他們記錄在車庫門框上那些大工程感到驚訝又佩服。「一九三八年，車庫遷移到房屋北邊。」「一九四七年，建造客廳暖爐。」「一九五六年，風車和水塔替換電動幫浦。」「一九六二年，屋後臥室完工。」

「或許你希望自己跟奧利弗就像你父親跟爺爺一樣親近。」

我沒理會她的評論，回想我在木屋的童年生活如同神遊太空一般，讓我流連忘返。

我對舊車庫很著迷。與其說是車庫，那個地方更像是工作室和倉庫。兩片對開的大門，裡頭擺滿各種不可思議的工具和裝置，那些東西對務農人家來說再平常不過，但對像我這種住在都市近郊的孩子可是充滿吸引力。屋樑上吊掛著一對木製大車輪。角落裡有個跟我妹妹一樣高的雙握把電鍍乳桶。一面牆上掛著六英呎長的雙握把框鋸，以及兩把形狀像蛇的大鐮刀。還有幾個直徑三英呎的大型金屬洗衣盆。工作檯上有個巨大的老虎鉗，上方牆面有一排排約數十個瓶子，裡面裝滿釘子、螺絲、鉤子、搭扣和鉸鏈。工作檯下面則是厚重的鍊子和一綑綑柏油麻繩，裝配在滑輪組上。旁邊有一個大型木製工具箱，以鐵件鉸接而成，上面印著「美軍所有」的字樣。

我愛這個車庫，我覺得它像是一座奇幻樂園。大我一歲的哥哥吉姆熱中幹活，簡直走火入魔。只要能討父親和爺爺的歡心，他什麼都願意做。他的勞動事蹟變成我們家族的一個小傳奇，有時候我會因為這樣討厭他。在學業和運動方面，他也是個拚命三郎。我則是一個愛做夢的小孩，說不上懶惰，就是容易分心。對我來說，透納這個地方真正的魔力在樹林間和湖泊裡。我會偷偷溜進松樹林裡漫遊，沿著湖邊抓青蛙和蠑螈，或是趴在湖灣南側的岩石上欣賞鯿魚群漫舞——這些都是我熱愛的活動。

我喜歡週六晚上的焗豆晚餐，尤其是大夥兒到戶外門廊上一起吃。奶奶一早就把硬邦邦的白色豆子放進鍋裡燜煮，到了傍晚，豆子就會呈現出皮革般的色調，而且整間屋子滿溢著鹹豬肉和糖蜜的可口香氣。

晚上下雨的話，我們會在客廳的石砌大暖爐旁吃晚餐。地板上鋪著兩張奇特的小地毯，以麻料織成複雜的幾何圖案。地毯的由來是前屋主克萊門特．蘭森（Clement Lampson）先生經歷慘痛的離婚，不得不連同裝潢賣掉這棟木屋，而這些地毯是他從印度帶回來的。客廳裡還有一架復古的自動演奏鋼琴，永遠都播放著同一首樂曲，〈凌晨三點鐘〉。

我還喜歡焚燒垃圾。到透納木屋去住幾天時，我們會在離木屋稍遠處的一個開放式石製火爐裡，把不要的東西扔進去燒掉。我會把衛生紙捲筒、牛奶盒和通心麵的包裝盒堆成垃圾山，再點火燃燒。不適合燃燒的大型物品則會拿去倒在蛇之湖（**Snake Pond**）。

很不可思議，對吧？

我是想要把芭芭拉一起拉進我的回憶裡？還是要確認她有沒有在聽？

「不可思議？」

沒錯，不可思議。蛇之湖這個名字真的不是我編的——對一個垃圾掩埋場來說，它確實是個好名字。蛇之湖其實是一個小型湖，過去大概曾經是緬因州的一個美麗景點，四周都是茂鬱森林。那裡沒有負責管理的人，一條長年傾倒垃圾形成的狹窄泥路，將湖一分為二。

為什麼我會想起這一連串的記憶呢？我不知道。我正在細細懷想，但付這麼多錢講這些事給別人聽，似乎很可笑。

接著我像是脖子被冰冷的手給摸了一下，冷不防想到這樣岔題講到把廢棄物丟進湖裡，難道是為了避免提及那架鋼琴的淒慘結局。

有一年，原因是什麼我忘記了，或者我根本就不知道原因，他們決定要把那架舊鋼琴扔掉。但要怎麼做呢？「搬去蛇之湖，」父親說道，彷彿那是唯一的辦法。我哥哥說服他，應該先把鋼琴砸毀，再把殘骸拿去丟棄。

我到現在還是不敢相信父親竟然答應了。我和哥哥想辦法把鋼琴搬到屋外，用的當然也是「法老王技法」，然後鋼琴就這樣突兀地立在松樹的樹蔭下。我永遠不會忘記哥哥興奮莫名地張大雙眼，拿起大鎚往鋼琴一揮，敲裂整排琴鍵，壓垮了支撐的木架。琴體發出離奇的和弦聲。就算是在那個時候，這整件事也給人一種做壞事的感覺，這麼做太過頭了。經過多年，現在回想起來，我還是覺得很不安。

透納一直是我記憶中快樂童年的象徵，是個永恆的黃金寶地，就算下了整天的雨也不會打壞我的心情。但此刻我不禁懷疑，它是否真的完美無瑕？

對著芭芭拉訴說透納的往事，我聽見了不同的聲音，聽出了悲傷的小調。還是說，在奧利弗的死所帶來的痛苦面前，回想這些故事，緬懷所有記憶，即便是最快樂的那些回憶，也只是徒增悲苦？曾經快樂過，所以痛苦更加令人難以承受。

鋼琴被砸毀的景象再度浮上心頭，讓我聯想到奧利弗死去的身軀。我再度陷入絕望，我快要不能呼吸，因為他的聲音就像那清脆的琴聲，永遠消失了。我再也聽不到那個聲音了。我再也感受不到他胸膛靠過來給我一個擁抱，不論是打招呼或道別。

這段冗長的透納記事，現在看來顯然是我用來逃避不幸與悲傷的工具。難道我以為只要躲回過去，就能逃離當下的苦楚嗎？

我無語地流著淚水，芭芭拉終於打破沉默。

「我們今天就到這裡結束，」她說。

06

三月十四日，星期二

週二早上醒來，因為前一晚喝醉酒入睡而頭腦昏沉，我實在不願意想起發生了什麼事。我翻過身，深吸一口氣。但是隨著意識逐漸清醒，我彷彿當頭挨了一記悶棍。我兒子開槍尋短了。我絕望地躺了幾分鐘，就像是遭到酷刑的人被綁在床上，同時間可怕的種種記憶又竄進我的意識。

我馬上就想到艾琳。我已經找到一種擺脫自己的恐慌和痛苦的方式，就是扮演拯救者。接著我想到她妹妹安妮陪在她身邊。我可以稍稍放鬆點。至少她不是孤單一個人。

芮貝卡靜靜地躺在我身旁。奧利弗第一次自殺未遂之後，曾搬來跟我、芮貝卡、杜威一起住，當時差不多是我跟艾琳離婚的第四年、奧利弗自殺身亡前三年。我們一家四口同住了一年。從各方面來說，那都是一段艱辛的時期，但奧利弗似乎終於能夠重新站起來。那一年十月，他在一家屋頂整修公司找到當學徒的工作。隔年六月，他的狀況穩定不少，於是搬出去自己住。再隔一年，我和芮貝卡結婚。

她醒著卻未發一語。我轉過身看她時，她望著我的眼神像是在告訴我，她明白我有多麼難受。就在那一刻，我的淚水潰堤。她慢慢靠到我身邊，可是我實在難以回應她的好意。

從今以後我就要這樣過日子嗎？我很感謝她的擁抱，但現在的我實在還難以承受。對於我的冷淡和麻木她沒有苛責，只是輕撫我的頭，溫柔地說道：「我懂。」

但她怎麼會懂？我就完全不懂。在這種情況下，說「我懂」究竟是什麼意思？對於這種糟透了的死亡結局，要懂些什麼？我只知道，它給我們帶來難以言喻的痛苦。死亡讓我們陷入難以忍受、難以置信的空虛。

不久後艾琳打電話過來。奧利弗的遺體從停屍間移到了葬儀社。蜜雪兒已經幫他準備了一些衣物，艾琳和安娜準備下午過去看他。

「我非見到他不可，」她說。「我想要盡快過去。你能跟我們在那裡會合嗎？」

說來奇怪，我還沒有想過要去看他的遺體。我的第一個反應是恐懼。我馬上聯想到芮貝卡的前夫，他在四年前過世。我們在他心臟病發不治身亡後三十分鐘就趕到醫院。雖然護理師警告我們他還沒有「經過打理」，我們仍然堅持要立刻看到他。我們沒有預備好目睹如此衝擊性的一幕。他躺在醫院的輪床上，頭和上身被墊高，皮膚呈現灰色，嘴巴張得大大的，還插著塑膠導管，雙眼凸出、僵滯又混濁，停在一種不自然的瞠目結舌狀態。事過境遷後，芮貝卡不諱言，早知道就不要看見他那個樣子。

此刻我心想，我們能預期奧利弗會是什麼模樣嗎？由於要火葬，所以他的遺體不會特別處理過。他不是死於心臟病，而是頭部槍傷。我們會不會像好萊塢電影裡演的那樣，在遮蓋屍體的布簾被拉起後，身子往後一縮，驚恐得說不出話來？我替艾琳擔心，也為自己感到憂心。

我尷尬又為難地試著說出這些顧慮，但艾琳心意已決。

「不，」她堅定地說。「我要見他，我一定要見到他。如果你不想去，我不怪你，但我要去。」

這是一種出自母性本能的堅持，儘管是最終又充滿絕望的堅持。如此強烈的母愛，讓我對自己的恐懼感到羞愧，可是這些恐懼揮之不去。幾個小時過後，走進葬儀社，這股恐懼感依然盤踞我心頭。

我們進入屋內，我整個人像遊魂似的，雙腳不自主地移動著。我居然注意到禮儀師難以掩飾的稀疏頭髮。在如此緊要的時刻，為什麼我腦中滿是這種瑣事？難不成我是想要藉由關注這種可笑的細節，把自己拉回現實？我端詳葬儀社的內部裝潢，像是要投資殯葬業的投資客。我的腦袋不停打轉，什麼事都想就只有一件事不能去想：我兒子死了。

他很喜歡雲，從小就是。「你看，」他聚精會神，不像是在作夢或隨口說說。「那些雲好漂亮！」他是讓棒球隊教練頭疼的人物。他會獨自站在外野區發呆。其他球員聽見揮棒擊球的聲音後就開始動作，他卻像沒事一樣仰望著天空。

我們四個人進到房間——艾琳、她妹妹安妮、奧利弗的未婚妻安娜，還有我。遠處角落裡，包裹著布邊的棺架上，奧利弗躺在火化用的簡式灰色棺木中。我們走近棺木時，我緊繃的胸口瞬間鬆了口氣，眼淚撲簌而下。出乎意料的，他安詳躺著，絲毫看不出致命的傷口。除了皮膚蒼白，他就像是睡著了一樣。

艾琳立刻蹲到他身旁，雙手撫著他的臉龐，兩行淚水直流，卻怎麼也無法移開視線。我們也都無法移開目光，就這樣靜靜站在棺木旁好幾分鐘，說不出話，也沒辦法做其他事，就只是這樣望著他。

在某種意義上，這麼做很簡單，也理所當然。我的注意力都在奧利弗身上——他的臉、他的頭髮、他的雙手。在這個片刻，彷彿世界上其他東西都不存在。我很感激能夠看見他，像是人們見到走丟後又奇蹟般尋回的小孩，心裡感到如釋重負。只是現實又給了我重重一擊，他近在咫尺卻已經不在了。他死了。他死了。**他死了**。

通往空橋的門已經打開。很快我就能見到他了。陸續走出來的人有蓄著山羊鬍的瘦削男子、忙著不讓鮮豔帆布袋裡的東西掉出來的豐滿女士，還有大聲喊叫快讓父母崩潰的小孩。我急著想要看到奧利弗，所以對他們感到有些不耐煩，就好像是因為他們才讓我等這麼久。這些人該不會也是從加德滿都回來的吧？下一刻，像是變魔術一樣，他出現了。他的下巴長出一片鬍渣，脖子圍著一條皺巴巴的白色絲綢圍巾，腳上穿著我們三個月前一起去買的靴子，磨損的鞋身沾滿紅土。他輕輕拄著一根帶有異國風的輕便竹杖。十六歲的他雙眼閃爍，光芒般的笑容藏也藏不住。

我們佇立在棺木旁好一會兒，決定個別跟他說說話，儘管有些意外，但那是此刻的我非常需要的。我排在最後一個，還沒輪到我的時候，我就在走廊上走來走去，不確定這段父子獨處會是如何。進入隔間後，一開始我有點不太自在，還好棺木旁邊擺了張椅子，坐在椅子上竟讓我覺得兩人之間有種親密感。我想起他還小的時候，我會坐在他床邊唸故事給他聽，或是跟他談談心，他稱之為「我們的聊天」。

我們並未好好道別。不到兩個月前，在他公寓見到的景象讓我震驚不已。我接到艾琳的電話，她跟我說奧利弗情況危急，所以我趕到他的住處。他不僅喝了酒、吸了毒，身上還有兩把手槍，左右腰際各插了一把。他後面的沙發上還擺著一把令人膽顫心驚的半自動步槍。當時是早上十點半，他正在看電影《計程車司機》（*Taxi Driver*）。

「奧利弗，你怎麼搞的？」我問道，不確定是不是要直接問起槍的事。「現在是什麼情況？」

我早就聽說他持有槍枝，心裡升起一股恐懼。我年輕的時候也曾經對槍枝著迷，但現在它們對我來說既陌生又具有威脅性。原本我還盡可能往好的方面想，他對槍枝有濃厚興趣，可以從中得到莫大的滿足感。好幾次他對我說，槍是他生命中最有意義的東西，是真正屬於他的東西，而且能帶給他由衷的喜悅。我心想，或許這是好事。很多人把玩槍當嗜好。

但目睹公寓裡這一幕，已經超過我原先擔憂的程度。頭一次，我覺得自己認不得眼前這個人，我無法預期他會做出什麼事。情況可能會變得像《計程車司機》的劇情那樣瘋狂。

「人生實在爛透了，」他說，雙眼還是盯著螢幕。

「確實，有時候真的很爛，」我回應。

「對，老爸，人生爛透了。一切都爛透了。有時候我會忍不住想要衝進賣場，看看在被警察制伏前，我能解決掉多少人。」

我一時語塞，又驚又恐。自從他因為尿檢沒通過，又拒絕參與團體治療，因此突然被美沙冬（methadone）戒毒所除名之後，情況就日漸惡化，我已經擔心到不知道該怎麼辦才好。沒想到他竟然還因為不用再去戒毒而樂不可支。他討厭在戒毒所每天都要喝藥控制。他討厭被當成毒癮者。三個月後，經歷短期參與治療計畫又任意退出，他的狀況可說每況愈下。我原先主要是擔心他，現在驚覺他可能會嚴重危害到他人安全。

情況越來越糟糕。聽到公寓外面的走廊上有人發出沙沙的腳步聲，他便拿起其中一把手槍，往門的方向比劃，甚至作勢要扣扳機。

「奧利弗！你在做什麼？」我盡可能控制自己的聲音。「喂，把那個東西放下來。別亂來，這樣會有人受傷。」他把槍再插回腰際，一付無所謂的模樣，繼續看著電視，好像什麼事都沒發生過。

結果外面那個人是安娜。她走進來，一臉稀鬆平常，像是老早就看慣這種景象，還數落他整個早上都癱在沙發上，而他似乎也心平氣和接受。事實上，他們對彼此都頗為溫柔。我不禁懷疑，他拿槍枝胡鬧是故意要刺激我、惹毛我。安娜說他們兩人要談談，很感謝我過來，但建議我還是先回去。雖然這樣留下他們兩人實在讓我不安，但我認為這時候我最好還是不要插手。

我離開時思緒混亂，隱約覺得不太對勁。後來我打電話給律師和警察局，詢問是不是能針對槍枝做什麼處置。我擔心安娜期跟著這麼亂來的奧利弗過慣了，可能察覺不出問題的嚴重性。是不是能先沒收槍枝，至少等到他狀況穩定以後再說？

他們表示沒辦法做什麼處置，因為奧利弗在法律上已經成年，具備依法持槍的資格，這種權利通常不會輕易被撤銷。就算我們能找到精神科醫師提出證明，頂多只能暫時拿走槍，過了幾個星期他又可以領回去。然後呢？

我內心對美國槍枝管理法頗有微詞。跟我對話的警察基本上的回應就是：「抱歉，老兄，我們也跟你一樣不喜歡這樣，但是我們能做的實在有限。」想到奧利弗說要衝進賣場開槍，我不禁打了個冷顫。美國槍枝氾濫的情況已經讓開槍自戕成為全國性的問題。我們似乎又經歷另一波隨之而起的麻煩，也就是「科倫拜症候群」（**Columbine syndrome**）：充滿絕望的人不僅想要舉槍殺了自己，越來越多人還盡可能拖別人下水。在科羅拉多州，一九九九年四月，艾瑞克・哈里斯（**Eric Harris**）和迪倫・克萊伯德（**Dylan Klebold**）闖進科倫拜高中，開槍射殺三十三人，其中十二人不治身亡。

想到自己兒子可能懷著科倫拜的念頭，我焦慮地想要理解他的心理狀況。他可能會發狂起來殺人的風險有多高？我打電話諮詢近期登記他參與舒倍生（Suboxone）[1]戒癮治療的精神科醫師。

這一通電話導致我們父子決裂。他先前開心拋下這個治療計畫，後來又很想要回去參加，於是他打電話過去，結果卻被告知有人跟我談過，而且我們講到槍枝的問題，因此戒毒所不再讓他過去。他在我辦公室的電話語音信箱留下一連串飆罵的粗話，說他對我的背叛怒不可遏。

這通糟糕的電話留言是我最後一次聽見他的聲音。不對，應該不是這樣。我只是有這種感覺。事實上，三個星期後，他留下另一段留言，用感到抱歉的語調說他想加入軍隊。他說這是他改變人生的最後手段。他問說他的社會安全卡是不是在我這裡。

現在我坐在他的棺木旁，兩人之間的緊張關係已經煙消雲散，取而代之

是一種自然而然又讓人安心的連結感。我一開口，想說的話便滔滔不絕流瀉而出。我告訴他，我知道他並不好過。我也告訴他，我原諒他了——這麼多年來的衝突和難堪、他嚴重的成癮問題，還有他自殺的事。我不曉得他自殺當晚心中想著什麼，但我知道他承受極大的壓力。換作是我，也可能會做出一樣的事情。話語就這麼自然而然說出口，我感到無比釋懷。我跟他說，我很佩服他決定生下小傑克。這是他在知道安娜懷孕後，強力捍衛的決定。這樣的決定需要真正的勇氣和決心。

講到我在他漫長數年的成癮期間有多麼想念他時，我的眼淚無法控制地落下，差點說不出話。我告訴他，我對於沒能拯救他有多麼遺憾，還有我很害怕我不僅沒幫上忙，反而讓他的問題變得更嚴重。

我暫停片刻，平撫自己的淚水，接著講起我們共度的美好時光。我提到

1 編按：一種用以治療鴉片類物質成癮與急慢性疼痛的藥物。

我們一起去透納旅遊、到白山健行、到火藥河泛舟。他剛過完八歲生日，我們兩人開車到電影院看《與狼共舞》（*Dances with Wolves*）。這部片對我們兩人來說都很震撼，觸發他一生熱愛新世界的原住民族，也讓他理解了原民部落遭受摧殘的事實。幾年後，他在我的書架上找到一本蘇族（Sioux）巫醫所寫的著作《追尋幻象的跛鹿》（*Lame Deer, Seeker of Visions*），立刻拿走那本書，從頭讀到尾。他對北美印地安遺產的細膩感知，成為後來他跟我到科羅拉多壯遊的重要緣由。我告訴他，那次旅行是我一生中最華麗奇幻的冒險。

我繼續講下去，感覺像是我跟他一起坐在門廊的兩張搖椅上聊著天，藉由懷想過去，打發酷暑的夜晚時光。我相信他一定記得我們前往科羅拉多的前一晚，在太陽快要下山之際，我們把車停在拉夫蘭山口外，步行到附近的山峰俯瞰整個丹佛市。我們待到夜深，看著星星佈滿天空。那是我看過最璀璨的星光。我很訝異他要我教他認識星象。他請我重述各個星座的名稱，確保他記住了。

「我都不知道你對星星這麼感興趣，」我說。他的回答讓我笑了出來，不確定他是認真的，還是在逗我開心。

「我沒興趣啊，」他說。「不過這很適合用來把妹。」

此刻坐在他的遺體旁邊，我又笑了出來，但笑容馬上化成淚水。愉快時光的沙漏流逝得太快、太令人心痛，瓶裡的沙一點也不剩了。他再次遠離我，陷入死亡的可怕沉寂之中。我一個人孤伶伶的。父子對話的門短暫開啟，現在再度緊閉。我起身看著他，我知道這將會是我見到他的最後一面。

回到艾琳的公寓，科羅拉多之旅的畫面依然在我腦中盤旋。我很高興她

把奧利弗和我在旅途中拍攝的厚厚一疊相片交給我。我已經八年沒翻看了。

一個小時之後，我自己一個人坐在書房裡，打開相簿，回憶全都湧上來。

停好車、踏入令人屏息的浩瀚大地，奧利弗想要拿相機捕捉這片景象，不只是隨處拍幾張，而是拍下環繞我們的整個驚人景觀。他用掉了半捲底片，旋轉鏡頭拍下環景的張張照片。我把這些照片一字排開，從書桌這一端到另一端，那一刻的魔力再度重現——令人讚嘆的美景，孕育著無窮的可能性，還有我們之間完美的夥伴情誼。

我的心又揪了一下。當然，奧利弗沒有出現在這些照片中。照片裡有那輛古怪的租賃車，後座門還開著。狹長的道路延伸到遠方的平坦草地，斜陽下映照出金黃色的光芒。漫天的鼠尾草後面，是高低起伏的無際山巒。

但我最想看見的人，始終不見蹤影。

07

我昨晚夢到透納小鎮。

儘管夢境依然清晰，卻很難用言語形容。

迎面而來的寒氣讓湖泊結了一層冰。冰層下的水一片漆黑，像是透明水晶底下染上一圈墨黑。神奇的是，我居然能在薄冰上滑行。能夠這樣滑行讓我雀躍萬分，但我不斷意識到底下讓人又驚又懼的黑色深淵。

我對黑色湖泊危險的美感到著迷，但什麼都說不出口。漫長的停頓讓人難以喘息。

「沒想到什麼嗎？」芭芭拉問。

我正在努力想。

一九九二年的冬季。他十歲大。那一週艾琳去波士頓找朋友，所以只有我們父子倆在家。巴爾的摩降下一場劇烈的冰風暴，阻斷交通，而且接連好幾天都是凜冽的天氣。所有東西都被覆上了近一英吋的厚實冰層，包含網球場，所以那裡成為溜冰的絕佳場地。在刺骨寒風中，我跟奧利弗興高采烈地玩了幾個鐘頭。連續三天，我們都在早晨出去滑冰，中午回家喝碗熱騰騰的湯，然後下午再出去滑到天黑。

星期六，艾琳返家的前一天，我們租了《回到未來》的影片來看。這也是一段我珍視的回憶。片尾開始列出演員名單時，我們轉頭看著彼此，異口同聲說：「再看一次！」

或許夢中的黑色湖水是我自己的黑暗面；是在他死亡時，覆在我靈魂上的陰影。

這樣的聯想很牽強，不是很有說服力。為什麼這個烙印在心中的黑色湖水之夢，讓我失了神？

忽然間，我想起了先前遺忘的後半段夢境。我從結冰的湖面上岸，去見木屋的新主人。踏入屋內那一刻，我訝異他們竟大幅改造這個地方。還好廚房和飯廳沒什麼變動，不過新屋主打開廚房地板上的一扇活門，我嚇了一跳。但我怎麼會忘記呢？我明明是最了解這些祕密基地的人啊！

最讓我吃驚的是客廳。天花板被拆掉了，變成類似教堂的挑高空間。四面牆中有三面牆上嵌著拱型大窗戶，更上面還有些小窗戶。原本用來放置鋼琴、後來改成擺舊書櫃的壁龕空間，現在被填補成一面壯觀的石牆。四周的門廊也經過徹底改造，屋簷和隔板已經拆除，底板經過打磨和上漆。屋子周圍架起了矮欄杆，圍住可以眺望湖泊的地界。接著，突如其來的，我開始啜泣。我哭得厲害。

醒來後，我覺得夢中的哭泣很不尋常。我重述整件事給芭芭拉聽的時候，居然又講到快哽咽。照理說房屋翻修應該讓人感到興奮，卻同時出現一種痛徹心扉的哀傷。這哀傷從何而來？我不曉得。

不管我事先有多擔憂，不管我想過狀況會有多可怕，奧利弗的死訊讓我整個人變得支離破碎。那晚我站在家裡，電話筒壓在耳邊，我不知道自己怎麼還能撐得住，畢竟我的根基都斷裂了。我感覺就像是鐵達尼號一樣，在黑暗中撞上冰山，水面下的船身裂了開來。

或許用裂開的傷口來譬喻並不恰當。或許不像是被撕裂開來，而是被關了起來。就像是金字塔的封印。我在電視上的歷史節目看過：監工者發號施令，重物落下，精準切割的大石塊便會滑入深處的凹槽，永遠封住塔內的通道。這就是我內心的感受嗎？我是不是也永遠與外界隔絕了？切斷所有快樂的感覺？切斷生命本身？

我不知道哪個意象才對。我被狠狠的撕裂開來？情緒的激流在我破碎的靈魂裡奔騰？還是我被囚禁在自己體內的墳墓裡？我不知道，感覺都對。

想要知道和理解為什麼會發生這些事，讓我決定接受精神分析治療。但每次的面談實在都強人所難。我要逼迫自己說話。現在還要說什麼呢？做什麼或說什麼還有什麼意義？

有個念頭一直出現在我腦海裡。我想用奧利弗的槍射死自己，這樣就能消除我內在和外在的落差，也就是看起來還活著，但內心早已死去。這樣也就能消除我跟他之間的距離——經歷他的處境，真正與他同在。

「這個朝自己開槍的想法，我們應該多留意嗎？」芭芭拉說道。我感覺她話中藏著憂慮。

我馬上回答說：「不，我沒有想要自殺。」但就連說出這些話時，我也不確定我是否對自己百分之百誠實。

然後，我又想起另一場夢境，夢裡我確實對自己開了槍。直到現在，都過了這麼多年，夢的內容和細節依然清晰到令人不安。

那是我在大學二年級夢到的。當時我休學一年後重返校園，日子過得忙忙碌碌。回想起來不免感到可笑。我一輩子都待在學校，但大一休學時曾考慮再也不回到校園。當醫師的夢想消退後，我懷疑繼續待在象牙塔裡可能不會有任何斬獲。離開校園那年的夏天和秋天，我住在康乃狄克州為一名馬球愛好者照顧馬匹。接著，我到緬因州伐木賺到一些錢，而後隨著一名做承包商的高中友人當油漆工和貼壁紙工人，然後跟一名要好的朋友利用最後五個月到歐洲和北非四處闖蕩。

那趟旅程改變了我的一生，我像是去到另一個星球，最終也讓我決定復學。對當時的我來說，那是一記永誌不忘的當頭棒喝——離開美國，長期置身在不同國度，才發覺自己對一切都很無知。不論是藝術和建築、歷史和文學，以及政治和社會秩序等方面都是。出國後，我才知道自己是個蠢蛋。

而這個夢境發生的前提，也就是我為什麼會有這樣的想像，來自卡繆的小說《瘟疫》。我在那個夏天剛讀過這本書，小說的背景設定是每個人，不管是誰，都會死於即將發生的災禍。

夢中我在一棟古典歐式建築的二樓房間裡，感覺起來應該是我們自己的家，有著挑高天花板和落地鏡。屋內騷動不安，我們全家人都準備要離開。屋外，行李箱和其他箱子都被搬上車；屋內，帶不走的家具一律罩上白布。

但我覺得這一切行動根本毫無意義。如果瘟疫會奪走所有人的性命，那還浪費力氣幫家具蓋上白布做什麼？何必要離開這間屋子？周圍的人盡在做這些無謂的事情時，我決定要自殺。在那個時刻，感覺這麼做合情合理。

我清楚記得槍身上冰冷的黑色鋼材，以及我邊讚嘆、邊掂量著它。最駭人的一刻，是我把槍管塞入嘴巴、扣下扳機。子彈發射，鑽入我的後腦勺，但我居然沒有死。我很驚恐，我知道子彈射穿了我腦袋的軟組織，造成難以修復的損傷。但我的意識完全清楚，人也活得好好的。

我的胃部一陣絞痛。幽閉恐懼症發作，呼吸困難。芭芭拉什麼都沒說，沒有打破這片沉默。我必須繼續說下去，唯有如此才能解脫。

我還活著，這簡直是一種黑色幽默。我感受到自己的怒氣。我怎麼會沒有死掉？實在很離譜，也讓人發瘋。氣頭上，我決定再自殺一次。我連續且快速地把所有子彈都打進自己的腦袋裡。結果還是一樣。我還是活著。傷勢嚴重，比前一次還要嚴重，但我還是活著。

我醒來時全身冒汗，走起路來跌跌撞撞，一整天都心神不寧。即便是現在，這場夢對我來說還是非常不可思議，無疑是我這輩子做過最離奇、最驚心動魄的夢。

芭芭拉還是沒有開口。我感到氣憤。她怎麼能不講些同情的話？

接著我驚覺，天啊，奧利弗也是朝自己頭部開槍。兩個場景，相隔三十年，都是子彈打穿頭部。我腦海又閃過他扣下扳機的那一刻，恐怖感加倍。我的夢居然應驗了。三十年前我就夢到今日兒子的死。

我的手指感到刺痛，躺在靠枕上的後頸發熱。我不安地動來動去，實在找不到一個舒服的姿勢。我成了一隻被釘在紙板上不斷蠕動的昆蟲。

我最氣憤難消的是，事情無法挽回了。那是一種無法彌補的傷害——子彈打穿我的腦袋，卻沒讓我死掉。現在回想起來，這個夢不是關於絕望（每個人都會死於瘟疫），或是摧毀自己的念頭（射殺自己），而是對於會導致無力回天之後果的行動感到懊悔。

我向來害怕這樣的事情，害怕沒辦法挽回愚蠢錯誤所造成的結果。我甚至將它連結到自殺。聽起來很奇怪，而坦白說出這種感覺也讓我覺得尷尬。

我常常想像從高樓縱身躍下後在半空中感到後悔，這種情境讓人不寒而慄。

芭芭拉依舊不發一語，這種沉默讓我惱怒。她沒有出言安慰，沒有展現半點理解和同情。什麼都沒有。我飽受她沉默以對的折磨。突然間，我不禁討厭起她的默不作聲。

我想這就是為什麼我對某些罪犯會有種奇怪的同情心。這是一個可笑又不相干的題外話，但我繼續說下去。

有些人鑄下大錯，毀掉自己的人生，只能永遠活在懊悔中。舉例來說，幾年前有一則新聞，一名叫蘇珊·史密斯（Susan Smith）的少婦把自己的兩個小孩溺斃。最後她登上了報紙頭條，我還留著相關報導。她把小孩鎖在車裡，然後讓車子滑落湖中，接著向警方謊稱他們被人綁走。她表示自己的犯案動機是因為害怕失去男友。男友不想要跟小孩子有任何牽扯，或至少她是這樣想的。

當然，這件事引發群情激憤。她是惡毒至極的媽媽。群眾大聲疾呼要判處她死刑，但我只是為她感到難過。從今以後，她永遠擺脫不了後悔的無底深淵！

像我一樣嗎？沒錯，就是像我一樣！

我被自己的思緒逼到沒有退路。我一直都知道必須要談這件事，躲也躲不掉的。事實就是，我覺得是我害死奧利弗的。我終於說出來了。

芭芭拉還是保持靜默，但我預期她要開口回應，於是先搶了話。

我很清楚並非所有父母離異的子女都會步上自殺這條路。芮貝卡不厭其煩地開導我，要我相信這件事。但當初是奧利弗發現我和別人有曖昧關係，才導致我跟艾琳離婚。

那是他升上高年級的那個九月初。不知道為什麼，中午過後不久他就回到家。我跟練中提琴的夥伴克莉絲汀一塊兒在家。她年紀稍長我一些，婚姻比我的狀況還要不快樂。過去幾個月來，我跟她之間有了肉體關係。

奧利弗沒撞見什麼不雅的場面。當時我們把琴盒打開放在客廳的樂譜架旁，只是我們沒有在演奏。他沒有說什麼，但我想他已經猜到了。對我來說，被自己兒子發現這種事，是一個很嚴重的問題。我大可隨便捏造一個故事；說來慚愧，如果走進門的人是艾琳，我可能真的會那麼做，但我覺得再怎樣也不能對奧利弗說謊。

艾琳回到家時，我們三個人坐下來，我對他們講出實話。艾琳呆若木雞地聽我說完，顯然感到痛苦萬分，但她沒有多說什麼。她早就已經知道這一刻終究會到來。我跟她說我很不快樂，我想要離開這段關係，但她要我先緩一緩，我答應至少等到奧利弗高中畢業再說。她問我有什麼打算，我說我最好搬出去，至少搬離一段時間。她轉向奧利弗，問他覺得怎樣比較妥當。他無言，看起來很鎮定。他繃著臉，沉著氣。他只是說，他也贊成我應該離開。

當然，我很怕這種事會給他帶來什麼影響。我最怕的是，他可能覺得是他造成我們夫妻離異的。那天晚上，我告訴他我跟他母親之間長期以來就有問題，與他無關，他對這個變化無須負任何責任。後來我也多次強調這件事。我甚至告訴他，我在幾年前就跟他媽媽坦承過另一段婚外情，在那之後我們持續進行夫妻諮商。

芭芭拉還是沒說半句話，這種沉默像是冰冷的石頭壓在我身上。我後悔當初為什麼要來做這個精神分析。

我開始補充這件事的細節，包括我在婚姻中過不去的難關、我對這段關係的缺憾感到困惑又內疚，以及我提議兩人一起去做諮商。說越多，我就感到越不舒服。我恨不得把整件複雜的事交代清楚，但我覺得自己似乎只是在找藉口，有誰會信呢？

08

三月十五日，星期三

今天一醒來，在心中作祟的黑闇立刻襲捲而來。它奔竄我全身，像是一道我已經熟悉的冰冷電流。現在的我也躺在那個深色棺木裡，空間狹小動彈不得。我聽見自己如幽靈般的聲音，質問難道沒有什麼辦法可以回到過去的生活嗎？

他的臉龐浮現我眼前，清晰到令我訝異。我看見他的笑容，那個他常擺出的淺淺苦笑，他會稍微偏過頭掩飾這樣的笑。他抬頭看著我，我看見他湛藍的眼珠。他下巴的紅色鬍渣很顯眼。他穿著那件胸前有紅綠條紋的燕麥色厚毛衣。他彷彿就站在我面前。不對，不只是這樣。他比真實還要真實，如此不可思議，卻又不可能。

我原本對於死亡的一切預期都被推翻了。他死了，關於他的記憶卻變得濃烈。我虛脫又無力，回憶來襲時尤其令人難以招架。我常常覺得別人看不見我，就算他們往我這邊看過來，也什麼都看不到。而死去的奧利弗卻比以往更加鮮明地存在著。我才是死掉的那個人。是我被掏空了，什麼都沒有、什麼都不剩。

人們怎麼會對死亡有這樣的誤解？我們怎麼會認為死去的人只剩下「鬼魂」？恰恰相反，被死神奪走性命的那些人，那些我們愛的人，會在我們的記憶和想像中變得益加鮮活，甚至比他們生前還要真實。如果說我們走不出喪慟的陰霾，問題不是他們消失不見了，而是他們無處不在。是我們，這些留下來的人，被剝奪了真實感。我們被悲傷給淹沒，我們變成了遊魂。

面對這個困境，我認為只有一種解決辦法：我們告訴自己，逝者不過是一縷幽魂，他們是虛無的。我們可悲地想要扳回一城。我們認為往者已矣，這樣我們才能從失去中再站起來，我們依然存在著。

奧利弗之死對我的影響之一，是記憶浩劫。對他的某些回憶變得格外鮮明，其他回憶則被摧毀得煙消雲散。他死去所造成的創傷，在我心裡捲起一片海嘯，把不夠穩固的東西都沖走，留下重要的記憶在一片荒蕪中更顯耀眼。

被徹底翻覆的不只是我的記憶。我發現自己有點精神錯亂，經常覺得漂浮不定——沒錯，就像鬼魂那樣。除了這種失重的感覺，我對外在一切事物都感到不真實。所有顏色都褪成灰色。所有聲音都被抹消，宛如籠罩在劇烈暴風中。我像是在一部電影的中場才被喚醒，完全跟不上劇情發展。

十點左右，我決定去辦公室一趟。其實我不需要過去，因為我已經取消這個星期的所有課。但我還是出門了，希望不經思考地從事固定的行程可以讓自己正常一點。抵達學校的社科大樓時，我忽然後悔來這一趟，我怕遇到同事就得解釋發生了什麼事。我不想要聽到他們的安慰。我拿了郵件，看都沒看就塞進袋子裡，接著轉身走人，但願沒有人注意到我。

我把車子停在蓄水池旁的巷子裡，正要走過去開車時，一輛破舊的灰色日產轎車在我身旁停下。駕駛把靠近我這邊的車窗搖下來，我只得傾身朝車內看，是一個三十出頭的男子。

「要搭便車嗎？」他問道。

我的第一個反應是，我們可能認識，只不過因為我現在一片愁雲慘霧，所以想不起來他是誰。他知道發生的事情嗎？我不斷回想，他是大學的教職員嗎？

「不用了，我的車就在那裡。謝謝你的好意。」我掉頭要走，他又開口。

「嘿。」他叫住我。

我轉過頭。他朝我探過身來，好像要跟我說什麼。我現在很肯定我不認識他。我原本不想搭理，但突然有個強烈的想法讓我改變主意：如果是奧利弗的話，就會跟他說說話。奧利弗很樂意跟陌生人互動，尤其是跟比較弱勢的人相處，他總是表現得輕鬆又親切，這一點讓我很欽佩，甚至有些羨慕。我應該給這個人一次機會。

「你今天要做什麼？」他問道。

這麼唐突的問題讓我有點生氣。雖然我盡可能保持禮貌，但也不想再多說。「我要處理兒子的喪事。」

他楞了一下，不知道該怎麼回應。或許他正在想我說的是真的，還是只為了打發他走。我再度轉身，他又叫住我。

「你住附近嗎？家裡有人在嗎？」

我怒氣上升，當下沒聽懂他的問題，天真地以為他是因為同情而問我家裡的事，關心在這個傷心的時刻有沒有家人陪著我。

「對，我家離這裡只有兩英哩，家裡也有家人在。我沒事，謝謝。」

我想對話應該告一段落了，正要離開他又喊住我。

「那個，」我又一次轉過來面向他時，他才說：「你要不要人幫你含？」

我禮貌婉拒，就好像他問我需不需幫忙帶路一樣。「不用了，謝謝。沒關係，我不需要，謝謝。」

話說完，我才意識到情況有多詭異好笑，恐懼感油然而生。這個人到底是誰？他究竟想要做什麼？他是危險人物嗎？

我快步離開，決定不再回應他。眼角餘光瞥見，距離我停車的位置還有一小段路。我看到他迴轉過來擋住我的去路。天啊，他想要做什麼？我惹怒他了嗎？他要打劫嗎？

果然，我走到車旁時，他也把車停下來。我做了最壞的打算。他再度搖下車窗。「你兒子的事我很遺憾，」他說。

我沒料到他會這麼說，覺得自己前一刻的膽戰心驚實在很蠢又很丟臉。我含糊道謝後就坐進自己車裡，卻又再次感受到奧利弗的死亡衝擊。目送對方駛離，我覺得自己像是這個世界的異鄉人，不管剛才那個人有多異類，不管他做了什麼勾當，我都比他還要格格不入，我是一個流離失所的流亡者。

回到家，我對這整件事依然心有餘悸。我把事情經過告訴芮貝卡，她想都沒想就說那個人是想討錢吸毒的。我竟然沒想過這個可能性。不知怎麼搞的，我就是按照他說的話理解他的意思，我認為他只是想要性愛，可能他的癖好就是幫陌生人口交。但我確實很清楚在巴爾的摩這個城市，毒品非常猖獗，尤其是海洛因。這裡是美國運銷海洛因的主要城市。二〇〇六年，奧利弗死去的那一年，這裡的海洛英是全美國最純、最便宜且供應最充足的地方。統計數字很嚇人。幾乎每十個居民就有一人在吸毒；這些人當中，四萬八千人海洛因上癮。我知道成癮者為了要持續有毒可吸，會步入多麼黑暗的深淵。我兒子在人生最後四年裡，就是吸食海洛因上癮。或許正因為內心沉痛，所以我才沒有往這方向去想。

半夜，我接到西奈山醫院打來的電話。他整個人神智不清，被警察送過去。他到市中心去買毒，結果惹上一群不良少年，他們把他壓著又打又踹。我們趕到病房時，他血流滿臉，臉頰腫了個包，眼睛瞇成兩條線，嘴脣腫脹且呈現黑紫色，還裂得嚴重。他看起來就像一顆被摔壞的南瓜燈籠。他動不了也說不出話，但看到我們的時候，傷痕累累的臉滿是淚水。

他還受了哪些我不知道的折磨？

過午不久，安娜打來。她正要去原本跟奧利弗同住的公寓拿些東西，但不想要自己一個人去。我很樂意與她作伴。另一方面，我也想親自看看事發現場。雖然對於會看見什麼感到不安，但我必須看看他死去的地方。

抵達公寓時，門前的黃色封條讓我一陣心慌。這個地方看起來像犯罪現場，簡直是在我未癒合的傷口上又撒了鹽巴。幾天以前的騷動彷彿電影在我腦海中播放——警車和救護車閃爍的燈光、被驚動而圍觀的鄰居、屍體躺在輪床上被推出來。看見安娜停在角落的車，一想到我們即將進去屋內，我渾身打顫，不僅是因為害怕裡頭可能的血腥場景，還有深深體認到奧利弗死亡的殘忍事實。我還在學習悲傷的課題。它毫無邏輯，一開始接獲死訊時的哀慟已經無以復加，後面的打擊竟更加嚇人，更令人難以承受。

安娜若無其事地撕掉現場封條讓我稍稍冷靜下來，但願我能感染她的鎮定。然而我們進入公寓後，很快就看得出來她還沒準備好要走進奧利弗自殺的房間。我們坐在客廳裡超過一小時，一邊聊天，一邊抽著菸。這是我第一次有機會問她事發當晚的細節。

「他一整天狀況都很糟，」她說。「我回到家時，他陷入吸毒後的迷幻狀態，我就知道晚上不會好過了。他走進浴室把門鎖起來，我真的失控了。我叫他打開門，我說我知道他在裡面注射毒品，我受夠了，也忍無可忍。我說他再不開門，我就要破門進去。他終於走出來，朝我怒吼，說我老是在怪他。他氣沖沖地亂叫亂摔東西。後來他到廚房煎培根來吃，小傑走過去，問他能不能吃一點，奧利弗也朝他吼叫。他完全失去理智了。」

想到小傑哭著看到爸媽又在吵架，他搞不懂為什麼爸爸要吼他，我實在很心痛。我知道奧利弗向來很疼愛小傑。我相信等他發完脾氣冷靜下來後，最懊悔的就是自己沒好好對待兒子。

「後來，」安娜繼續說：「小傑上床睡覺後，奧利弗就坐在客廳裡，我開始跟他談談接下來的打算。我告訴他，我真的被逼到快崩潰了。我告訴他我們談過的事，如果他想繼續在這裡住下去，就要去戒毒所接受治療，還有把槍放進保險櫃裡，而且不能在家裡吸毒。我說我已經申請驅逐令，然後把單子拿給他看。我告訴他，這表示他要在三十天內限期改善，不然就得自己找地方搬出去住。我也不是要他在一個月內就改變所有問題。只是如果他想要繼續住在這裡的話，就得達到這些基本要求。」

安娜頓了頓，深吸一口菸。「他啊，整個人慌了。他站起來，來回踱步。他不敢相信我會趕他走。他聽我提過，但以為我只是嘴巴說說。他轉向我說：『我們把話說清楚。我只剩下三十天能住，然後就要走人。』我再次解釋我要他做到哪些事情，如果他答應不在家裡吸毒，還有接受治療的話，他就可以留下來。我說我希望他能留下來，但他好像沒有聽進去。

「幾天前，我們好好談了一遍，當時他願意好好聽，而且真的知道我在說什麼。那天他不斷哭泣，告訴我他真的很想要改掉壞習慣。他說他願意做任何事情來換回原本的生活。他說他知道這件事情對我跟小傑的傷害很大，還有他要開始做一切該做的事。他站在我面前，我問他先前說的到底算不算數。他起步離開，轉過頭來看著我說：『妳根本不曉得我有多認真。』說完他就走進房間，然後關上門。

「不久後，我聽到一個聲音。砰一聲。不是很大聲。小傑沒有被吵醒。我不知道怎麼回事，趕緊起身敲他的房門，但沒有回應。我想打開門但門鎖著。我很害怕，大聲喊他的名字，還是沒有回應。我用力撞開門，看到他躺在床上，到處都是血。真的全都是血，很難相信會有這麼多血。」

她呆坐著抽菸，低頭看向地板，整理好情緒才繼續說下去。

「我打電話報警，告訴他們，他朝自己開槍，接電話的人問我他還活著嗎？他還有呼吸嗎？我說我不知道。我剛進房時，他還有發出一些聲音，咕嚕聲之類的，但我不覺得他還活著。對方叫我做心肺復甦術。我跟她說，我覺得他死了，但她還是堅持要我做。她不斷催促，所以我就做了。但我要把他的頭抬起來，手放在他後腦時，感覺那裡空空的。我身上也沾滿血。警察趕到時，我上衣都濕了。一位警察去房間裡幫我拿乾淨的衣服。我實在沒辦法再走進房間一次了。」

「還好，小傑沒醒來。實在很不可思議。他不就睡在隔壁房嗎？」

「沒錯，奧利弗拿枕頭消音。蜜雪兒和約翰清理過枕頭棉絮。血和棉絮弄得到處都是。」

「他用枕頭？妳是說他把枕頭抵在槍口開槍嗎？」

「對呀，你不知道？」

我一直都不知道。一連串令人痛心的疑問終於有了答案。這麼說來，事情不是意外發生的。他不是心不在焉而擦槍走火。他的死不是任何沒想清楚的念頭造成的。

「所以他的自殺是心意已決。」

安娜又深吸了一口菸，慢慢吐掉。「對。」

我伸手擁抱她。「辛苦了，安娜。我很難過。妳一定也很痛苦。沒有人應該經歷這些。」她描述的場景不斷在我腦中盤旋。

「妳一定要知道，這不是妳的錯，安娜，」我說。「是我叫妳對他下驅逐令的。妳是不得已才這麼做的，沒有其他辦法了。沒有人能預料他會因為這件事想不開。」

其實，艾琳有預料到。她聽到我們打算下驅逐令時，就打電話前來關切。她很擔心他會有什麼反應。我也很擔心。我知道他可能很難接受，而且在極端的情況下，有可能把他逼到絕境。但我很肯定，要給他一些壓力才有機會讓他接受治療。我以為三十天的期限可以激勵他，讓他有時間調適。況且，要是現在他承受不了壓力，未來只會更難挨，不是嗎？

「妳已經為了他吃盡苦頭，安娜。妳為他盡力了，我很清楚。如果要怪罪誰的話，也應該是怪我。我知道用驅逐令威脅他很危險，但我還是鼓勵妳這麼做。」

我們默默地坐了好一會兒。她先站起身。她還有別的事情要處理，拿了需要的東西就離開。我跟她說我想要待久一點，門我來鎖就好。她主要是帶走她和小傑的衣服，然後給我一個道別的擁抱，留下我一個人。

此刻我獨自坐在沙發上，周圍一片寂靜，我突然強烈感覺到奧利弗就在這裡。再一次，我感受到一種奇怪的親密感。悲傷依舊，但平靜降臨。恐懼和不安消散了。我熄掉最後一根菸，從沙發起身，走進他死去的那個房間。

奧利弗和安娜睡的加大雙人床平放在地板上。床單已經拆掉，裝進堆在書桌旁的袋子裡。遮光簾拉下，光線昏暗，床墊上有一大灘血跡。此情此景讓我哽咽，但想哭卻哭不出來。我想也沒想就蹲下身，伸手摸摸已經乾掉的血跡。那股奇怪的平靜感又加深了。我感覺像是把手放在他身上，因為這些血漬是他最後留下來的。我坐到床墊上，手依然輕撫著染血的墊子，像是我們父子倆坐在一起。我沒出聲，卻彷彿與他叨叨絮絮地聊著。

這些日子以來，很多事情和我事前預料或想像的都不一樣。我原本害怕這一刻，不確定會是什麼感受，但相信肯定會很難過。結果相反，一切都是那麼平靜。最奇怪的是，我覺得與他緊緊相繫。

離開之前，我稍微翻了一下床邊櫃。他在自殺那晚留下一張字跡潦草的字條跟安娜道別，不能算是遺書，因為根本沒透露他在想什麼。我心中燃起希望，說不定他還有留下其他東西。遺憾的是什麼都沒找到，更讓我難受的是，我知道自己其實是想要尋找他是否為我留下隻字片語。我對這個自私的動機感到慚愧，但想到他自殺的那一刻完全沒有想到我，不免讓我感傷。

其中一個抽屜裡有兩本筆記，裡面是他的心情日記和塗鴉。我把它們抱在懷裡帶走。到了晚上，在靜悄悄的書房內，我細細瀏覽好幾個鐘頭。他的畫和文字總是讓我讚嘆，不管過去或現在。他畫的東西很有創意。優雅、簡潔，線條流暢。其中有些是靜物，他也畫安娜，畫得很美。他的文筆同樣順暢易讀，很直接地表達出他的想法，但引人深思。

許多畫和日記顯然是在講毒品。他說他很痛恨毒品，痛恨自己得任它們擺布。以下這篇寫於二〇〇四年，在他自殺前兩年。

為什麼我想要改變生活

過去幾年來，我犯了不少錯誤。大部分人都認為那些是錯的事。我的決定和行動助長了潛伏在我體內的一種病。我開始吸毒後，這個病就快速失控，終至難以收拾。為此我受盡折磨，還讓愛我的人痛苦又擔心。

如今回頭看，我才驚覺自己做了很多會造成傷害的事，那些事很危險，也會為我自己和他人帶來麻煩。然而，我並不後悔我做的事情，就算時光能夠倒流，我也不會改變任何事。過去的種種造就了今日的我，我對自己的愛足以驅散懊悔。

但是，我不想要再用同樣的方式過生活了。我厭煩了傷害自己，更厭煩傷害到其他人。我厭煩違背承諾和自己的價值。我厭煩花光所有的錢去買最後只會排到尿裡面的東西。我厭煩一晚起床十次，只為了確認外面有沒有警察。我厭煩說謊。我厭煩偷東西。我厭煩自己一無是處。我厭煩拿夢想換取海洛因。我厭煩要擔心會不會被送去坐牢。我厭煩要擔心毒品劑量過多的問題。我厭煩要考慮用什麼手段弄到毒品。我厭煩早上沒吸毒就下不了床。我厭煩要擔心針頭乾不乾淨。我厭煩日日夜夜要擔憂算計，更受不了生活的一切都繞著毒品打轉。有人是這樣說的：「我厭煩了我的厭煩，受不了我的受不了。」所以，我想答案就是，我厭煩了過去，但我對未來抱持希望和信心。

日記裡還有一封寫給安娜的信。有那麼一瞬間，我懷疑這篇短文是不是從其他地方抄來的。當然不是，都是他自己的話。是我兒子的心聲。

地球不斷轉動，以永無止境的行星運轉規則繞著太陽公轉。受到神祕能量及源源不絕的動力驅動，這個現象始於無以估算的久遠年代前，且將持續直至時間終結。不曾停歇的天體節律孕育出你我周遭各式各樣的流轉。春夏秋冬、日升日落、潮起潮落、月亮盈缺、白晝黑夜，這些都是由推動星球運轉的強大力量所催生的，但因其欠缺實體所以我們難以感知。這時候談這股能量，是因為它如同我對妳的愛。我對妳的愛看不見、嚐不了、聽不到、摸不著。神祕，無法定義，無法估算，永無止境。它是用來支持和引導更宏偉事物的能量。它是我的生命。我對妳的愛改寫了我的命運，影響我的決定，左右我的心情，帶來希望與恐懼、喜悅與憂愁、淚水與笑容、歡欣與悲苦。我對妳的愛給我巧妙的平衡、立足的根基，以及能信靠的安全感。它讓一切井然有序，讓我看見自己在哪裡、想要什麼、擁有什麼、奔赴何方、想抵達何處，還有我是誰。我對妳的愛讓我不斷前行、不斷成長，照亮了黑暗的世界。我對妳的愛改變我的一生，讓我擁有很多美好，成就了今日的我。

妳是我這輩子遇過最美麗、最可愛也最珍貴的人。妳的人、妳的心、妳的靈魂，妳的一切點點滴滴，引領我抵達絕無僅有的美好天地。此時此刻，深愛著妳。

09

能夠堅持到底的人，究竟是怎麼辦到的？此刻我又不安地坐在診療沙發上。勉強自己說話，就像是把一根手指伸進喉嚨裡。

我的思緒又回到透納小鎮。是為了轉移注意力嗎？我開始說起我跟妹妹的好感情，我們會沿著湖畔散步到尖角區，也就是湖灣北端往湖中央凸起的細長沙地。我們沿途採摘藍莓，在暖煦的樹蔭下休息。我們不敢走太遠。這條沙路的尾端，是沉入水下的斷崖，我們把那裡叫做「陡坡」。

我們在林間掉滿松葉的空地上扮演原住民，輪流當被抓走的可憐囚犯，在被食人族吃掉前得先受盡一番折磨。囚犯的身體會被塗滿嗆辣的芥末醬。

對當時的我們來說，那是很純真的遊戲，現在想起來依然好笑，但那也是我性慾的萌芽。

講到性的問題讓我突然感到難為情。是因為我妹妹也叫做芭芭拉嗎？不，是關於透納的回憶。過去我也有類似的遲疑，重述某些回憶時，隱約感覺到一股不該有的快感。在奧利弗死後回想這些愉快的事，感覺像是做了壞事。

「現在回想起透納，像是一種逃離？」芭芭拉說道。

對，當然，是一種逃離。我這輩子都在逃離。我跟妹妹悠然自在的相處時光，讓我能逃離我父親、爺爺和哥哥費勁幹的一些苦差事。我妹妹是我最早的共犯。

想到在透納要做的勞力活就讓我皺眉。上高中以後，我對這種事的態度有了轉變，也常常會幫父親做事。不過我小時候真的很討厭勞動。或者說，我真正討厭的是哥哥這麼賣力表現。我討厭他不計一切求取認同。我討厭他把成績單當作戰利品，大肆宣揚自己拿了高分。相較於他愛自吹自擂，我反其道而行。我記得有一次我還把成績單藏起來，塞到咖啡桌上的雜誌堆底下。我的成績也不錯，只是不喜歡追求別人的讚揚。

我跟妹妹的冒險讓我得以逃離這一切。但我更常一個人出走。我會走到樹林裡，甚至也會躲到湖上。最快活的是，一個人坐進老舊的雪松獨木舟，沿著林蔭茂密的湖岸划船。那個時期我迷上獵龜。還有捕魚。一大清早是最佳時段，這時候湖面光滑如鏡，水上氤氳的霧氣彷彿暗夜逐漸消散所留下的薄紗。我通常在太陽還沒升起前就出發，趁屋裡其他人都還在睡覺的時候，然後在準備早餐的聲音從遠處傳向澄澈湖面上時再回去。

我總是覺得跟家人有距離感，我是格格不入的異類。夾在哥哥和妹妹之間，我只得到父母的一點點關注。就算是在昆布蘭的家，我還是覺得進到林子裡比較自在。樹林多美呀！在林地上輕輕翻滾，身上沾滿蕨類和苔蘚，抬頭可以看到巨大的松木和鐵杉。

我小學最要好的朋友吉米．威爾頓（Jimmy Wheaton）就住在穿越我家後方樹林，走路約半英里的地方，對我來說這也是一大樂事。那片樹林就是我們的王國，即使在暗夜中我們也能穿梭自如，還曉得哪些地方最棒——野黑莓園、青蛙池塘、攀爬的岩塊，還有低矮的鐵杉叢，我們會懸吊在上面，或是爬到枝頭讓樹向下彎折，讓自己彷彿乘降落傘般落地。冬天的時候，我們會在湖上滑冰，玩到臉頰和手掌都凍傷了。

我很愛我們的水上冒險。我們在河灣畔的岩石間奔跑，萬一不小心可能會丟掉小命。我們呆坐平靜的岸邊，對於在藤壺間爬行的小小生物感到驚奇。我們從成串的海草中挖找泛白透亮的幼鱟殼。我想起某個寒風刺骨的二月，我們踏著一層薄冰跨越小海灣，底下的水顏色深黑，冰層被我們的重量壓到發出嘎吱的聲響。

我夢中的黑色湖泊是來自這段回憶嗎？

吉米．威爾頓是一個跟別人不太一樣的小孩，他的想法都很另類。我們編出一套自己的語言（我哥老愛拿這件事取笑我），其實真正的創作者是吉米。我們把我的模型船放入溪流時，他提議要放火燒掉它。結果塑膠製的船身和船桅火光四起，發出劈啪聲，還冒出團團黑煙。

吉米．威爾頓也自殺了。他在四十歲出頭時跳下南波特蘭橋。

我還沒意識到時，話就已經說出口了。我太沉浸在回憶中，沒想到這兩件事的相似處。我唯一的孩子和我兒時最好的朋友，雙雙自殺了。相似的不只是自殺。吉米的成年生活也在癮症中度過，包括吸毒和喝酒。

我們從七年級開始分道揚鑣。照亮我們小世界的神奇蠟燭熄滅了。我不知道為什麼，總之就在他開始吸毒且越吸越兇之後不久，我們漸行漸遠。上高中後，我們兩人就完全失聯了。

我很佩服他總是有辦法找到通往不同國度的祕密通道。他開啟了一扇門，讓我能夠走出自己的家，去到一個完全不一樣的世界。我已經很習慣穿越這扇門。在昆布蘭家的後方，某個地勢較高且鄰近樹林的地方，有一棵挺拔的鐵杉。我以前常爬上那棵樹，坐在最高的樹枝上，眺望被林木包圍的房屋，就像是坐在一個好心腸的巨人肩膀上。在房屋和樹林之間像是有道分水嶺，我跨過這條界線，自我放逐，翹首遠眺。從很多方面來說，我現在還站在那個高處，依然獨自一人。

「很多方面？」芭芭拉在我停頓時問道。

對，不管從哪方面來看，我覺得自己跟人們保持一段距離。我小時候很喜歡在樹林裡搭建堡壘。我蓋了好幾間樹屋，最後一間工程浩大，位在進入樹林少說半英哩的地方，用了我和幾個同伴去附近施工的房子那裡偷來的廢木材。樹屋架在四棵大樹之間，位置很高。上面裝設三座活動式百葉窗，還覆上焦油紙屋頂。上高中以後，我就不再熱中這件事，林中樹屋成了偷喝酒、素行不良的青少年經常出沒的地點。

又或者是帆船。我的阿爾柏格號已經滿四十歲了。它不是很炫很酷，但大小足夠進行一趟像樣的短程航行。它跟樹屋有什麼不同？我想我喜歡能夠自給自足。完整預備好一趟航程，把需要的一切都帶上，是再舒暢不過的事。偶爾跟其他人一起搭船也不錯，但還是獨自出航最讓我感到逍遙自在。船艉的自動風向標能隨著航向變動調控行進路線，讓我能連續航行好幾個小時而不需要掌舵。我很喜愛從開普梅（**Cape May**）到布洛克島（**Block Island**）兩天的短程航行——一種參雜著不安的愉快心情，因為航向遠方，身處汪洋之中，日落、日出又日落，放眼望去都是無邊無際的大海。

說到享受一個人航行的孤獨感，我想起了自己對《阿拉伯的勞倫斯》（*Lawrence of Arabia*）[2]的特殊情感。一九六二年七月，我八歲時父母帶我去看這部電影，它對我的影響無比深遠。離開戲院回家的路上，因為看完電影我忍不住想吐，所以爸爸只好把車停在路邊。十二年後，我讀大學時再看

---

2 編按：根據英國軍管湯瑪斯．愛德華．勞倫斯的自傳《智慧七柱》（*The Seven Pillars of Wisdom*）改編而成。

第二遍，一幕幕熟悉的畫面依然令我震驚。

電影最後一幕讓我不寒而慄。聽見司機說「回家去吧」，勞倫斯一臉空洞。我能切身體會到這份孤寂感。我埋頭寫研究所論文時，再次重溫對勞倫斯的狂熱，我讀了《智慧七柱》和他其他的作品，加上幾本傳記。還有約翰．梅克（John Mack）的《亂世王子》（*A Prince of Our Disorder*），說不定妳聽過？廣義來說，這本書是對勞倫斯的精神分析研究。

我人生中的重要事件彷彿一顆顆珠子串成線。這麼多年來，我似乎一直站在樹上，遠遠望向自己的家。這個被放逐的位置，不正解釋了我對哲學的熱愛？我在樹上的據點，體現了*theoria*（理論）這個希臘字的原義——遠觀，從制高點觀察下面。看來我從年紀很小的時候就開始搞哲學。

人生的規律能夠歸納成如此簡化的形式嗎？深究起來，我從來沒有離開過那棵樹。我在帆船上望向開普梅逐漸暗淡的光線，無異於在透納搭乘獨木舟回望木屋。我真的逃不開這樣的迴圈嗎？

靜默中，我繼續沉溺於回憶。還有多少人也落入類似的模式？當然，我們喜歡想像自己不受這些事拘束。可是，假如我們之所以認為自己率性而為、無法預測、什麼事都能做，正是因為我們不是那樣的人呢？

想到這裡，我不禁失笑。我努力想要以哲學分析自己的性格，卻只是讓我再次陷落其中。我正在編織一套關於自己的理論。

話說回來，有個結論出現在我腦中，告訴我必須大幅修正自己原先對童年的看法。我一直認為自己的童年是無比快樂的。這個快樂童年像是一個信條，也是我視為理所當然，甚至深深感恩的事。但實際上，是我的寂寞感塑造了一段快樂的兒時歲月，為它頒發純金的保證書。如此閃耀的童年，想必是快樂的吧。

不過現在看來再清楚不過——在自己的小王國裡稱王，再美好也不等同於快樂。

10

三月十六日，星期四

過去這一週，艾琳的公寓是我們的營運總部。星期四早上，這裡就像災害應變中心，電話不斷響起、餐桌上擺著雜亂的待辦清單、人員往返機場接送親友、有些人在門廊上抽菸和小聲說話。我暗自慶幸這天早上有幾個小時獨處的時間，能在書房裡想想事情。

約莫半年前，我整理奧利弗吸毒和治療的病史，提供戒癮諮商師參考。此刻我把這份檔案從文件櫃裡抽出來，快速瀏覽一遍。

檔案內容涵蓋超過八年時間的種種不堪紀錄，除了紙頁厚度，我特別注意到的是三月份。多年來，他都是在三月爆發危機：情緒失控、用藥過量、暴力，以及與警方起衝突。他第一次尋短也是在三月，就在他殞命的三年前。更引人注意的是奧利弗拒絕治療的次數。我不禁認為，這是最終讓他步向死亡的關鍵。他一直抗拒各種形式的治療或諮商。拒絕參與美沙冬戒毒團體治療讓他後來被除名，終至以生命作為代價。為什麼他如此頑強抗拒？

想到他如此固執任性讓我又惱了起來，這是在他死後，少數讓我對他感到生氣的事。他這麼頑固、不聽勸也不接受別人幫助，讓他也中斷了因退出美沙冬治療計畫而參與的舒倍生戒癮治療。除了戒毒所的人員，我們每個人同樣不斷告誡他，這樣下去他的情況只會越來越糟。但他依然不為所動。他就是堅持己見。

不管他這種牛脾氣有多氣人，不管他要承受多少壓力，我卻忍不住對他感到佩服。特別是在安娜懷了小傑時，我尤其對他刮目相看。

我清楚記得他跟我講這件事的那一晚。我後來才知道他已經先跟艾琳說過了，而艾琳認為這是一件好事，希望為人父的責任能夠讓他好好振作。我一開始持反對態度，我相信只要務實點的人都會這樣想。他才十九歲，學歷只到高中，缺乏職場技能，而且有嚴重毒癮。但他不顧我的告誡，他早就預期我會反對，也做好回應的準備。他表現出一種我從沒見過的強力決心。

「就這樣，老爸，」他語氣溫和但立場堅定地說。「安娜懷孕了，我們要一起養這個小孩。這件事情就這樣決定了。」

「但你要知道，這種事跟買車不一樣，奧利弗，」我說。「跟結婚也不一樣。你可以改變心意把車賣掉，甚至結束婚姻。但生小孩是一輩子的事。一旦把小孩生下來，你就是他一輩子的父親。」

「沒錯，老爸，」他立刻回道。「我已經是這個孩子的父親了。」

我原本以為有可能勸他拿掉小孩，直到那一刻，我明白不可能要他們放棄了，至少奧利弗是這樣想的。他的態度強硬，出乎我的意料。

我陷入沉思，突然感覺自己在道德和人格上都不如他。我知道，對他而言，這無關宗教或政治上那套尊重生命的論調，而是因為他愛安娜，還有兩人愛的結晶。「我這麼說，只是要確定你已經仔細想清楚了，」我說。「這可能是你這輩子最重要的決定。」

他放鬆姿態，也放低音量。「我知道你是為我著想，我很感激，但我們不可能拿掉小孩。絕不可能。我真心覺得這麼做才是對的。這小孩是獨一無二的，無論如何我都要保護他。」

雖然那時候我還不知道艾琳表示支持，但我的想法同樣已經傾向認同。或許孩子能為他帶來動力，鼓勵他開啟人生的新篇章。往後他不能只想到自己，他必須承擔責任。而他接下來的行動也證明了這一點。隔天，他開車到安娜父母家，告訴他們情況並表示他會負起全責，也強調他跟安娜對這件事心意已決。要溝通這種事情不容易，但在他的堅定下，女方家庭也給予他們祝福。事後回想所有發生的事情，我認為那是他表現最好的一刻。

眼前這份列出他各種狀況的明細，記錄了多年來他的良善心靈與成癮狂魔之間的對抗。裡面不只有一種毒品或是某類毒品。他第一個成癮的東西是尼古丁，而且情況就已經頗為嚴重。他似乎並不是真的享受抽菸——說這句話的我，其實斷斷續續也抽了多年的菸。奧利弗的情況比較像是想要滿足自己一個擾人但又難以克制的需求。我們當時不曉得，他嘗試過各式各樣的毒品，包含大麻、搖腳丸、搖頭丸、古柯鹼、奧施康定（Oxycontin），最終吸食海洛因；每一種的劑量都很重。他還經常服用各種處方藥，可以說是能拿到手的都用上了。

我很訝異他酒也喝得兇，而且常常混著毒品下肚。他有一段特別嚴重的「百威冰啤」時期，尤其偏好喝二十四盎司裝的藍色鋁蓋款。他跟我和芮貝卡同住的那一年，是他狀態比較好的時候，而在他搬走之後，我清理他的房間時，發現一串用藍色鋁蓋做成的項鍊。他把瓶蓋壓成硬幣狀、穿孔、串上麻繩，總長八英呎。

他的成癮過程，一開始是染上大麻和偶爾喝醉酒做出放蕩行為，但很快他就落入怪獸的魔爪而任其擺布。隨著他越陷越深，他也越來越痛恨這頭怪獸。但他還是拚命捍衛和保護它，想辦法要把它遮掩起來。奧利弗把他的心思和個人魅力都用來掩飾自己的癮症，否認自己受到藥性影響。現在回頭看，他的手法很高明，卻也是讓他墮落的重要因素，因為他讓我們沒能及時對他伸出援手。等到我們察覺他的情況，已經是他高中最後一年的學期末，他已經被捲入藥物濫用的漩渦將近四年了。

他成癮的後期階段，讓他身邊的每個人都很痛苦。沒經歷過的人可能不知道，毒癮者的親友所受的折磨難以想像。不斷爭執和吵架、指責和反控、輾轉難眠、門窗被破壞、說謊和偷東西，還要應付各種開銷而讓財務陷入窘境。此外，還有與警方的對峙衝突以及與保險公司的糾紛，也少不了藥物過重、意外、鬥毆、勒戒和自殺舉動。

最消耗精神的還是心理層面。隨著相互不信任、猜疑、各種傷害持續累積，吸毒者和身邊的人之間慢慢築起一道牆。對成癮者的父母和親友來說，最難的是要避免因為愛與關心而助長了成癮的問題。嚴厲管教最不容易的就是拿捏時間點和方法。當然不能借他錢。但是，像我之前買一台掃落葉的機器給奧利弗，幫助他開始做清理排水溝的生意呢？當時聽起來是件美事，可是實際上，他還是把賺取的利潤拿去買毒。這樣還算是在幫他嗎？

有個常見的說法是，成癮者對毒品的需求大過於對愛的需求，毒品取代了愛，讓愛變得不再重要。以我的經驗來看，這種說法過於簡化。事情遠遠更加複雜，也更令人難受。即便到了最後，愛還是存在每種成癮行為中，卻成了不斷墮落的惡性循環。成癮者每一次吸毒，不啻違背了親友的期盼和關心，也換來他自己更深的挫敗感。無論成癮的神經化學物質根源是什麼，下一波的刺激必須要能夠更緩解益發嚴重的自我厭惡感。如此一來，癮症以扭曲的惡性循環啃蝕著愛的能量，好比癌腫瘤吸走身體用來促進成長的血液養分以便增生腫瘤。

成癮的過程中存在這種自我吞噬的愛，所以若想要恢復正常，往往需要一段長時間遠離家人。我們必須打破愛、背叛和自我蔑視的循環，成癮者才能夠獲得重新站起來的力量。想要擺脫這個不良迴圈，就需要一段時間與所愛的人分離，把他們當作是問題的一個來源。就好比要阻斷對腫瘤的養分供應，才能阻止它的增生。

當然，另一個出口是自殺。滿滿四頁奧利弗受盡折磨的紀錄，足以說明為什麼成癮者常常會尋死。但自殺只是對當事者的解脫，繼續活下來的人則痛苦不減。談論死亡和喪慟的書籍，列出了幾個讓悲傷期更難以承愛和度過的原因：死亡突如其來、涉及暴力的程度、死者早逝等等。奧利弗的死符合了每一項。

下午我到艾琳住處時，安娜也帶著小傑抵達不久。安娜就要告訴小傑，爸爸已經死了，不會再回來了。直到現在，面對兒子的好奇和不安，她都是告訴他，爸爸生病了，人在醫院裡還沒辦法回家。此刻公寓裡還有不少人，眾人都有種山雨欲來的感覺。天氣暖和，安娜把小傑帶到後院，那裡有一大片草地和樹木，以這樣的公寓來說算是寬敞的院子。他們一起坐在那裡十五到二十分鐘。屋裡的我們都為後院那對母子感到心痛。一片鴉雀無聲，眾人只是不斷抽著菸；顯然他們面對奧利弗的死，也跟我有同樣的回應——我們像是一群在校長室外觀望的學生，為被帶進裡頭的同學捏把冷汗。

安娜走進屋內前的幾分鐘，艾琳的母親打電話過來。小傑回到屋內不久，就被喚去跟曾祖母說說話。聽到他們在隔壁房的對話，讓我們得以知道安娜是怎麼跟小傑說明爸爸的死。

「爸比病得非常非常嚴重，小傑。最後他死掉了，」安娜說。

「可是他會回來看我嗎？」小傑問。

「不會，他生病死掉了。人死了就不會回來。爸比死掉上天堂了，他不會回來看我們了。」

安娜安撫小傑說，他身邊其他人不會就這樣離開，除非病得很嚴重，但那種情況很少發生。小傑很快就提出別的問題。

「我可以去天堂看他嗎？」

「不行，」安娜說。「天堂在很遠的地方。爸比沒辦法過來這裡，我們也到不了那裡。」

「天堂在哪裡？」小傑想要知道。

「在很高的地方，」安娜回答。「飄著白雲，還有小鳥飛翔的地方。我們沒辦法去小鳥飛翔的地方，對吧？天堂就像那樣。我們不能去天堂。」

小傑走進廚房接起電話，三歲的稚嫩童音傳進眾人耳裡。過了幾分鐘，我們聽見他語氣平緩地說：「嗯，我爸比病得很嚴重，死掉了。」他停頓片刻，聽著電話另一頭的回應。「對，沒錯，」他繼續用平淡的語調說：「我爸比死了，他變成一隻鳥。」

11

前一回跟芭芭拉的面談，像是揭開了真相。根本的問題是，我習慣遠離人群。現在看來，這似乎就是我的感官祕密、我的認知特質，以及我之所以對哲學如此熱中的原因。這是貫穿我整個人格的一條紅絲線。

但事實真的是這樣嗎？我真的與家人疏離嗎？老實說，我必須承認，我經常是家族活動的焦點，大家會期待我主持假日聚會，或是寫首詩慶祝誰的生日。

我覺得很困惑。難道精神分析是一場騙局嗎？說不定我並非自認的那般叛逆孤僻。其實，我應該要承認自己平凡無奇？

講到離開家庭圈而獨立，我哥哥向來比我還要做自己。他非但沒有達到父母的期望，還在讀大學的第一年就退學加入統一教，嚇壞全家人。吉姆成為統一教的教徒，直到現在都還待在教會裡。我父親對此一直難以釋懷。如果有誰真的踏出家庭圈，那也是吉姆，不是我。

對吉姆來說，加入統一教是真正的反叛，徹底背離了他的家庭。諷刺的是，統一教推崇家庭的力量，具有極端父權形象。如果成為統一教教徒表示背叛自己的父親，卻也表示他接受了另一個父親。

而我是不是找到讓家人和我自己都滿意的解決之道？顯然如此，我取得了博士學位[3]。讀高中時，我原本很肯定自己將來要從醫。即使是那個時候，我也知道這個目標和我父親未實現的抱負有關。我想當醫生很大程度是因為那曾經是我父親的夢想。最後我沒穿成白袍，不過拿到了博士學位，同樣具有聲望，卻離我父親的夢想有點距離。我選擇的哲學，對他來說是全然陌生的領域。

「看來你魚與熊掌兼得了，既能討父母歡心，也能走自己的路。」

確實，那是兩個完全不同的方向。但我內心的衝突不言可喻。

一方面，我保持快樂男孩的一貫形象，是家人的正能量。我擅於顧及大家的感受，負責讓所有人都開心。我很認同以下這則笑話裡悲觀與樂觀的對比：兩個孩子在聖誕節早上看到樹下有一堆馬糞。悲觀者立刻抱怨說：「什麼都沒有，只有一坨屎！」樂觀者驚呼：「看來這附近有一匹馬！」

但快樂男孩的角色只是一張面具，只是為了掩藏內心巨大的悲傷寂寞而建構出來的形象。這些內心的痛苦會逼得我躲到樹上去，但我不想要讓它們顯露出來。而隱藏不快樂最好的方式，不就是假裝沒有不快樂嗎？

不管表面看起來如何，我覺得自己在家裡像個局外人。彷彿是為了撫平

---

3 編按：doctor 同時有博士與醫師之意，此處為雙關用法。

這種缺乏歸屬感的傷痛，我心中浮現一段童年回憶：爺爺輕輕撫著我的後頸。他常常心不在焉地這麼做，不管是在搭車或是吃完晚餐後坐在客廳的暖爐旁。他會伸手撫摸我的髮際，我則舒服到想睡覺，簡直就像是吸毒般讓人上癮的動作。

這個美好景象還在我心頭忽隱忽現之際，在透納小鎮的另一段回憶猛然闖了進來。相較於爺爺帶給我的舒適快活，它帶來的是揮之不去的陰霾。那是關於殺死一隻大鱷龜的記憶。鱷龜是我抓過最大型的龜類。當時我十歲。

光是要殺了牠就已經夠可怕了，最後連保存龜殼的計畫也失敗。我記得那時候我心想，這隻烏龜的年紀可能比我們都還要大。我覺得牠是有靈性的動物。都是我的錯，因為我把牠抓來這裡，才會害死牠。

我們就在湖岸邊動手。那一刻令人毛骨悚然。父親竟然准許我跟哥哥用步槍射牠。第一發子彈射入牠的頭部，射掉牠好大一塊肉。牠慘白的肌肉組織立刻滲出鮮血，染紅的蒼白肉體與深綠色的硬殼形成駭人的對比。

不過，真正詭異嚇人的是，牠的頭部被射穿後裂了開來，但牠沒有死。子彈把牠的頭打趴了，但牠又再度抬起頭。牠回神後繼續爬行，用爪子扒挖著潮濕的沙地，左右晃動受傷的頭部。我們再開一槍，或是又開了五、六槍，全都射不死牠。牠頭部毀損得厲害，卻繼續張望著，彷彿只是被一團混亂搞糊塗了。

晤談室的四面牆壁朝我壓過來。我胸口緊縮，呼吸困難。

我想到那個夢。我開槍射殺自己的夢。就像對鱷龜的記憶，那場夢充滿恐懼，子彈造成了無法挽回的傷害。令人驚駭的是，我一樣也死不了。

接著我猛然想起奪走我兒子性命的那發子彈。三個場景，三發子彈，三顆頭顱爆裂開來，三份痛苦的懊悔。我開始耳鳴。我怕自己就要昏倒了。

這是我人生軌跡的黑暗密碼。在三個可怕的時刻，子彈不可逆地毀掉我寶貴的東西。我絕望地祈求時光能夠倒流，讓我彌補這天大的傷害。我不禁覺得三次悲劇都是同一顆子彈造成。

我想有必要把整件事都告訴芭芭拉。

那是一個平靜的早晨。太陽剛從湖對岸的遠方山丘升起。我跟父親一起出外捕魚，這種情況並不常見，因為我已經習慣一個人去。從清澈的湖面往下看，可以清楚看見十英呎深的湖底。就在那麼深的地方，我看見一隻大鱷龜的深色橢圓形背殼。

牠就在那裡。在接近湖底的位置，從厚殼的邊緣探出錐狀的鼻子。我當然想要抓住牠，但距離太深太遠沒辦法用網子撈。然後我想到一個辦法，不過成功機率不高。我把一個三叉式的鉤子綁在釣繩上，慢慢朝牠垂放而下。接著突然行得通了。鉤子牢牢扣住龜殼的邊緣。我們開始慢速划向岸邊。我覺得牠隨時都可能會脫逃，結果沒有。牠在釣線另一端像是睡著的嬰兒般，一動也不動。

來到淺水區時，牠像是突然醒過來。我趕緊把釣竿交給父親，躍下水，想要用划槳驅趕牠。我一靠近牠，線子就斷了。父親也跳入及膝的湖中，我們兩人前後包抄把牠引到岸邊，牠死命揮動四肢。剛上岸時，牠發出嘶嘶聲不斷擺動。過了一會兒，牠就不再掙扎。牠看著我們，像是在衡量情勢中，還不確定下一步該怎麼做。

我們用上兩支槳，好不容易把牠架起放進獨木舟裡，然後沿著細長的沙地把船拖回木屋。

吃早餐的時候，父親說要取下牠的殼。我立刻沉浸在這個想法中。把這麼大的龜殼掛在客廳牆上，會是多麼氣派的戰利品啊！我終於有個東西可以媲美父親捕到的大口黑鱸。

父親提議用車庫裡的大洗衣盆把牠煮一煮，分離龜殼和身體，就像用滾水煮雞把雞肉跟骨頭分開那樣。我跟哥哥把洗衣盆放在戶外燒垃圾的火爐裡。結果很慘烈，龜殼跟其他部位全都碎開了。忙了一整個早上，最後我們只能把慘不忍睹的鱷龜殘骸拿去埋掉，因為只剩下烏漆抹黑的碎塊。

在接受精神分析之初，我想過自己會不會必須面對心理深層的黑暗真相。我甚至害怕那不會發生。但現在真的走到這一刻，它像是一股要把人吞噬的力量，我完全沒有做好心理預備。我努力保持鎮定。

我覺得自己就是那隻鱷龜。頭部中彈，卻沒有死掉。

一陣靜默，接著像是從很遠的地方傳來一句耳語。「動物對我們具有重要意義。」

簡單卻觸動人心的一句話，我的眼淚忍不住流下來。

沒想到四十年後再度回想起這件事，記憶如此鮮明。我想這就是佛洛伊

德所謂無意識的永恆性——創傷的痕跡留在記憶中，彷彿木乃伊隨時可能睜開眼，而那雙眼仍然閃爍水亮。就好像那隻趴在湖邊的鱷龜，被射穿腦袋的子彈給嚇傻了，卻依然苦思如何能回到安全的水域。我對牠依舊充滿深深的罪惡感。

悲傷和懊悔湧上心頭。彷彿在湖邊和夢中發射了兩顆子彈的那個我，朝著兒子射出了第三顆子彈，殺死了他。

說來奇怪，我突然遲疑片刻，不確定自己那個早上有沒有開槍。如果做這件事的人是我哥，似乎也言之成理。他比較暴力，又愛欺負人，會無緣無故揍我一頓。我之所以躲進自己的小世界，不管是爬到樹上或划行到湖面上，主要就是為了躲開他，抗拒他所代表的一切。

但我也開槍了嗎？

冒出這個問題，讓我有了重要領悟。這整件事讓我和我哥之間產生可怕的交錯。因為我的行為，讓我原本在兩人之間築起的距離之牆崩塌了。我變成了他。一切都說得通了。我犯了我最痛恨我哥的毛病——無所不用其極地求表現。那隻鱷龜可以用來彰顯我的成就，牠是我從自認獨享的湖泊領地裡帶回來的戰利品。

顯然我記不得自己有沒有開槍。我無法容忍自己做出這種暴力行為，尤其是用來滿足驕傲和野心的暴力。那個快樂的男孩不會做出這種事。

但我能不承認嗎？乖乖牌的面具不只是用來掩藏我內心的悲傷，也遮蓋了底下的憤怒。這張面具是以我和哥哥的差異所建造出來的幻想，排除了一切跟他有關的事。逃遁到我個人的世界，就能夠保住這樣的差異。可是這麼做固然是抗拒，卻也蒙蔽了自我。儘管我否認，但我確實充滿強烈的憤怒。

我心中閃過《阿拉伯的勞倫斯》的一幕場景。勞倫斯攻下阿卡巴城凱旋歸來後，身上還穿著髒兮兮的阿拉伯長袍，坐在開羅艾倫比將軍總部的大廳裡，回報「在那裡發生的事」。艾倫比的政治顧問德萊頓提到他的豐功偉業：「在他真的做到之前，將軍，我說過這是不可能辦到的事。」這句話是不是也可以套用在捕捉大鱷龜這件事（至少是在一個十歲小孩的心裡）？在我做到之前，誰會相信我做得到？

但不只如此。在前往阿卡巴的長征路途上，勞倫斯救了在沙漠中迷路的貝都因士兵加西姆。勞倫斯把他從大漠中帶回來，以證明自己的能耐。後來加西姆因為一個小糾紛殺了另一個部落的人，於是勞倫斯必須將他處決。勞倫斯站在他背後，近距離舉槍射向他的頭部。

向艾倫比報告這件事時，勞倫斯補充說：「這件事讓我有些不安。」艾倫比試著安慰他，因戰爭而殺人沒有什麼好慚愧的。可是勞倫斯表示：「不是，我是指別的。」艾倫比問：「那是什麼？」勞倫斯像吐出毒液般說道：「我很享受。」

腦袋裡的思緒快得我跟不上。勞倫斯用來處決加西姆的那把槍，跟我夢中用來自殺的槍一模一樣。那把手槍是電影中一個重要元素，反覆出現好幾次，是串起情節的一條軸線。剛開始，勞倫斯把槍交給阿拉伯嚮導以示信任。下一幕，嚮導的頭就挨了一槍喪命。

究竟有多少巧合？我覺得快要承受不了。我多希望自己一瞬間置身他處，任何地方都好。一旦想像幻滅了，該面對的問題就會一一浮現。

要承認這件事很痛苦：我所有的自我形象都是為了隱藏內心的憤怒。我記得很小的時候，曾經有幾次怒氣大爆發。在被哥哥譏笑後，我止不住心裡的火氣，瘋狂朝著他揮打。

這也解釋了瘟疫的夢，也就是每個人都會死的那場夢。那是一個復仇的夢。夢裡我朝自己開槍時異常冷靜，也是絕佳證明。這些都跟我處理憤怒的方法一樣。我會撤退到一個安全的距離。

「意思是，你希望大家都好過？」

沒錯！事實上，我向來不擅長表達憤怒，甚至無法好好感受自己的憤怒。我在網球場上常能體會到這一點。跟我一起打球的球友會因為自己犯錯而生氣，但他們可以把憤怒化作進步的動力。可是我沒辦法，我越生氣就會越緊張，也就更容易出錯。而這只會讓憤怒越演越烈，我卻什麼都不能做。有時候我會對自己說，我只是沒那麼好勝。真是胡扯。問題不是沒有足夠的好勝心，正好相反，我好勝得要命。

從這個角度來看，我跟艾琳的婚姻尤其可悲。表面上看來，我們兩個人非常恩愛，而且相處融洽。我們幾乎沒有真的吵過架，就算有些意見不合，我也會在第一時間認錯。在朋友眼中，我們的婚姻很完美。然而這樣的和睦只是個假象。事實是，我無法容忍自己對她生氣，我用各種方法來否認這樣的怒氣，更重要的是，我把怒氣轉換成其他較平靜卻更具殺傷力的方式。婚外情不就是一種逃避的方式嗎？

我一直告訴自己，兩人婚姻的問題出在艾琳身上。她對於我追求學術生涯不是很認同。她總是對事情缺乏興致或提不起勁，常常拒絕參與社交場合，討厭吵鬧的音樂，不喜歡看表演也不聽演講，更不願意主辦聚會。這些都讓我很生氣，但我把這股怒氣壓抑在心裡，有時我也搞不清楚自己突然生氣是為了什麼。

這些事會對奧利弗造成什麼影響？我忍不住對自己展開全面控訴。

我知道他對父母之間的感情很難理解。在他十四歲左右，有天晚上我們一起散步，他問我跟艾琳怎麼會湊在一起。「你們又沒有共同點，」他說，點出了難堪的事實。「我不明白，老爸，」他說。「你們到底為什麼會在一起？」

我記得當時我推託說，我們很早就交往（說了等於白說），以及個性相反的人反而相互吸引（不算是個令人滿意的答案）。但我那時候就知道，他想要理解自己的家庭。但他做不到，因為就連我自己也搞不清楚。

這些問題像是不速之客盤踞我心頭。要是我難以承受自己的憤怒，要是我隱藏自己的憤怒，那也難怪奧利弗會落入同樣的困境。在他人生的最後幾年，他越來越容易發脾氣，好幾次發起狂來都很嚇人。顯然他完全沒有想要維持快樂男孩的形象。是毒癮讓他變得這麼憤怒嗎？還是他承繼了我不斷否認的憤怒呢？

這當然是我最不願意看到的事。奧利弗在世的最後幾年，他一反常態地易怒。有時候我不禁懷疑，我們真的是父子嗎？然而我是否在兒子身上看到了我不容許自己表現出來的憤怒？

我想讓自己冷靜下來，卻也對於能夠抒發內心的感受心存感激。我告訴芭芭拉，我覺得很抱歉。我躺在沙發上像個嬰兒一樣哭泣。然後，情緒就像是夏季風暴一樣過去了。我感到一股奇特的解脫感，比先前曲折的思緒還要出乎意料。我感覺像是把什麼東西給吐了出來。

我欲言又止——我想說的是，這種感覺像是，把身上的子彈給挖出來。

12

三月十七日，星期五

安娜的堅強讓我佩服。在她勇敢和沉穩的外表下，我想這場可怕的悲劇肯定讓她受到嚴重的打擊而心力交瘁。

週五早上，我們找到一間能滿足她需求且在預算範圍內的新公寓。我們訂購了一張新的床，當天稍晚會送來。剩下的任務，是要從舊公寓搬回一些雜物。奧利弗最好的朋友維特想要來幫忙，於是中午過後，我們三個人就到舊公寓門口集合。礙眼的黃色封條還貼在門上。自從三天前我離開這個地方之後，就沒有人再踏進這裡。

維特從弗羅斯特堡（Frostburg）回到家鄉來參加奧立弗的喪禮。過去多年來，他跟奧利弗兩人形影不離，只不過最後這一、兩年，他們的友誼成了毒癮的犧牲品，如同奧利弗其他的人際關係。此刻，維特坐在奧利弗自殺的公寓裡，他看起來一臉茫然，無法相信好友已經不在了，而且還是用這麼激烈的方式離開。維特比我還要熟悉槍械，但之前他也認為奧利弗對槍的痴迷遲早會出事。維特同樣曾經接觸毒品，可是奧利弗的毒癮之深令他訝異。看見沾染血跡的床墊時，這殘酷的事實讓他哭了起來。我們三個人走進客廳冷靜下來，站了好一會兒，淚眼擁抱打氣。

「我實在不敢相信他會這麼做，」維特頹喪地坐在很多夜裡奧利弗喝醉酒就躺在上頭睡著的沙發上。他這麼一說，衝擊感再度朝我襲來。實在很難將自殺的奧利弗與那個精神奕奕、心思細膩又和善的兒子連在一起。

「奧利弗有很多事情沒跟任何人說，」安娜表示。「就連我也是。我很愛他，他是我見過最特別的人。他很關心人，對事物觀察入微。他會注意到其他人都沒注意到的事，而且非常體貼。他狀況好的時候，一切都很美好。但很多時候，我覺得他不讓我了解他，不想讓我看見他的某些部分。奇怪的是，有時候我們聊天時，他一切正常，非常進入狀況，我心想他都聽進去了，我們能一起度過難關的。但隔天，那些對話又好像沒有發生過，他把自己封閉起來，變成另一個人。」

她的描述貼切得令人心痛。我也有過跟他心靈相通的時刻。我想起九個月前，他找我一起去射擊的時候。他自豪地示範如何裝填子彈和瞄準靶心，他試了兩把手槍和一支霰彈槍。他邀請我參與他沉浸其中的世界，那個世界讓他得以脫離現實中的一切。只要在靶場，我們就能擁有自在的夥伴情誼。但離開那個空間，彷彿大門關了起來，原本能走向他的寬敞大道瞬間封閉。拿起槍枝似乎變成與他親近的先決條件。

「他真的變了，維特，」安娜說。「他已經不是你認識的那個奧利弗。這幾個月來，他真的瘋了。他覺得自己隨時被人跟蹤。他會整晚不睡覺盯著窗外看，因為他覺得警察在停車場監視我們的房子。他把暖氣上蓋拆掉，因為他相信有人在裡面放了監聽器。有天晚上，他跑去停車場，指控某個人偷窺我們。對方氣得反駁，他們差點就打起來。真的很可怕，我不知道接下來還會發生什麼事。」

我確實注意到奧利弗越來越偏激的情況，但聽到安娜描述他的異狀還是讓我膽戰心驚。就算發生這麼多事，我卻沒有仔細思考過他的精神出了問題。是因為他的狀況惡化得太突然嗎？或者我只是不願意相信？

我再次想起槍的事，還有一個月前他說要去賣場掃射的可怕言論。我打電話到警局，也打給他的精神科醫師，這麼做引發他激烈的憤怒。我擔心安娜和小傑的安危。我請教的精神科醫師都給了含糊的答覆，他們說很難正確診斷行為成癮者的狀態。他們稱之為「雙重診斷」（dual diagnosis）[4]，許多嚴重精神疾病的症狀很類似吸毒和戒斷的情況。與自殺傾向相關的常見疾病中，雙極性疾患（Bipolar disorder）十分符合奧利弗的行為表現。但在他毒癮發作的時期，沒有辦法確切判定。

我們繼續聊了一會兒，短暫回憶著過去奧利弗還充滿朝氣的模樣。「我很喜歡這小子，」維特說。「他會帶我們去做其他人想都沒想過的事。他很懂得冒險。」

「像是你們在普雷蒂博伊水庫的行動計畫，」我回道。

「是啊，奧利弗很愛那個計畫。在派對中，他會突然冒出一句：『普雷蒂博伊時間到了。』然後眾人就會二話不說出發，即便是深夜。他對那一帶熟門熟路，黑暗中也能成功走到水邊。我們會升起營火，在那裡待上一整晚。他最喜歡這麼做。」

後來我們都安靜下來。人死不能復生的無奈定局，淹沒了想再多說點什

---

4 編按：指與藥物濫用共存的精神障礙問題。

麼的念頭。所幸專注於身體勞動，把家具搬上維特的貨車車廂，可以讓我們暫且忘記心裡的煩憂。都搬完之後，維特和安娜先行離開。我獨自留在公寓裡等專人來把奧利弗放槍枝的保險櫃鑽洞打開，因為保險櫃的密碼只有他本人知道。

我一個人在公寓裡，再次走進臥室，坐在床墊上，腦袋一片空白。然後我突然想到，我得把這些東西搬出去才行，總不能讓開保險櫃的人踩過我兒子自殺的染血物品。想到要丟掉這些東西，我的心就揪了一下。留有血跡的床墊布料，就像是最後一個跟他有關聯的實體。我不想要放棄。我依依不捨地逼著自己把沾血的布料裁切下來，塞入裝著骯髒被單的塑膠袋裡。我克制不了自己，留下一小塊染血的布料，塞進牛仔褲的後側口袋。接著我扛起袋子和床墊，拿去丟進垃圾堆裡。

沒過多久，開保險櫃的人來了。他年紀很輕，體型略胖，留著紅色鬍渣，讓我立刻聯想到奧利弗。他從頭到尾都沒有問發生了什麼事，我也沒有明講。他直接動手，而且比我想像的來得簡單。太簡單了，我還沒做好心理準備，他就把保險櫃鑽開。我一直很想知道裡面放了什麼，但現在答案要揭曉了，我卻惶惶不安。

打開以後，我失望地發現裡頭除了槍，幾乎什麼都沒有。我原本期望裡面有些線索能夠讓我知道跟他死亡有關的事，像是紙條、記事本或是其他東西，有助解開壓得我喘不過氣的沉重疑問。

保險櫃裡有三把槍，還有彈藥跟槍腰帶。那把半自動步槍尤其讓人感到不安，就是我兩個月前來到他公寓時，他放在沙發上的那一把。槍枝已經填滿子彈，甚至以突擊隊手法在槍托上捆了第二組彈夾，不禁讓我想到他說要去賣場掃射的事。我心中一震。開保險櫃的人本身也是個技術高超的槍枝迷，熟練卸除子彈；他一個動作就取下彈夾，確認槍膛清空。他用同樣方式處理另外兩把手槍。那兩把槍也都裝滿子彈。

他離開以後，凝重的氣氛朝我壓過來。我一把抓起保險櫃裡剩餘的其他物品：整齊擺在頂層架上的三張紙。有一張是奧利弗好友吉姆的訃聞，他一年前死於吸食海洛英過量。我知道奧利弗當時受了多大打擊，我在想這是不是他自殺的預兆。

還有一張材質特殊的單薄小卡，上面蓋了黑色的木印。卡片上印有一輪明月和波紋。我認得這是他去尼泊爾和西藏旅行時帶回來的紀念品。我們在他十六歲生日時替他安排了這趟旅行。那時我和艾琳還不真的確定他吸食毒品，只知道他高中第二年過得很辛苦。他退出曲棍球隊，也完全不再碰電吉他。我自己從出國遊歷的經驗中得到蛻變，因此希望他也能有類似的體驗。這個旅行企畫叫作「龍伏之地」（Where There Be Dragons）。事實上，他在西藏高原度過了十六歲生日。我有一張他那時的照片，他站在插著蠟燭的蛋糕（在如此偏僻的地方能弄出這樣的生日蛋糕，實在很厲害）前笑容滿面，身旁還有十幾名年輕人，西方人和西藏人都有。他特別喜歡寄宿在尼泊爾鄉村家庭的那一週，我也有一張他那段時間的照片，就擺在我大學辦公室的文件櫃上。他身旁圍了一小群小孩，他們以彎月般的大眼看著他，而奧利弗望向鏡頭，臉上掛著我看過最燦爛的笑容。

保險櫃裡最後一個東西是我送他的生日卡，夾在訃聞和紀念卡之間，封面是西南峽谷的岩石景觀，我們父子在科羅拉多愛上的那種起伏紅色砂岩。那張卡片是我一年半前寄給他的，慶祝他二十二歲生日，當時他已經深陷海洛因毒癮。

二〇〇四年，七月二十三日

給奧利弗

真不敢相信，二十二個年頭這麼快就過去了！你出生時，我開車穿越查爾斯河橋趕到醫院。回憶起來像是昨天才發生的事。大雷雨剛結束，東方出現兩道彩虹，西方的落日美不勝收。從那一刻起，你經歷了好多冒險！像是跟戴比在波士頓的手扶梯上奔跑，跟我一起在透納獵龜和升營火。還有我們的科羅拉多壯遊。然後在巴爾的摩踢足球，到尼泊爾探險，還有期間數不清的地方。我祝福你一生能踏上更多冒險之旅，重溫過去喜歡的活動，並在生活的新事物中找到樂趣和驚奇。

最終，陪伴在我們身邊的，是我們熟悉且珍視的人，他們讓一切有了意義。我會永遠把你放在心上，記住我們一起去過的每個地方。

生日快樂，最愛你的老爸

我回到客廳坐了很長一段時間，心裡想著他成癮的事。這當中有多少成分是臨床上所謂的遺傳體質傾向？他強烈的癮症、服毒的種類和用量，用身體官能的角度來解釋似乎言之成理。當然還有心理層面的因素，尤其是焦慮。我常常覺得他會染毒，很大一部分是為了自我療癒。他高一那年，下課期間在學校走廊上焦慮症發作，那會使人腦袋昏沉、視野受限，像是從一根黑管子的洞口看世界。我們後來發現，大概就在那段時期，他和一群朋友會在上學前抽大麻。但這麼做就好比提油救火。

最折磨人的，是我擔心自己究竟對他造成多少影響。我這個做父親的有多讓他失望？我知道他覺得遭到背叛，對我很生氣。最近一次的劇碼是，我打電話給他的精神科醫師，他知道以後，在我的語音信箱中口出惡言。

當然，還有他發現我婚外情，從而導致我跟他母親離婚。離家之後，我想盡辦法讓我們一起參與家庭諮商，只願能化解三人之間的心結。但他們母子倆去過一次之後，就不願意再去第二次。我不清楚他對我後來跟芮貝卡在一起，甚至後來再婚這件事有什麼想法，但不免讓人往壞的方向想。奧利弗跟我們同住的那一年，他跟芮貝卡一直處得不是很融洽。

最嚴重的衝突，是我和艾琳強制送他去墨西哥下加州（Baja）的勒戒中心接受治療。我有個同事的兩個女兒都在那裡參與療程而成功戒癮，我詢問的許多人也大力推薦這間勒戒所。在我搬離家剛滿兩個月，我們狠下心把他送過去。那是他高中最後一年的秋季。我們知道等到他滿十八歲，就沒辦法不顧他本人的意願送他去治療了。我們認為，為了讓他擺脫毒癮，這是最後的機會。

艾琳不忍心在場看著兩組人馬把他帶走，因此奧利弗一口咬定這全是我的安排。他們離開巴爾的摩後，才過十或十二小時就出了大事。看管他的人從聖地牙哥打來說，奧利弗逃跑了，他從餐廳男廁的窗戶跳出去。他們說以前從來沒遇過有人逃跑。我告訴他們，你們太不了解我兒子。在那短暫的瞬間，雖然我感到慌張和挫敗，竟也有種得意的感覺——我兒子實在很有辦法，儘管這麼做會害慘他自己，但他奮不顧身。

真正難處理的狀況，是那天晚上，我終於用電話連繫上他。我叫他住進一家汽車旅館。他答應我，條件是我不能把他的行蹤告訴少年勒戒所的人。他要我趕快過去接他回家。掛斷電話後，知道他人沒事，我鬆了一大口氣。但我意識到眼前的抉擇有多艱難。我可以選擇遵守承諾帶他回家，或是言而無信繼續執行勒戒計畫，強迫他去接受治療。我跟艾琳還有共同的老友艾瑞克那晚都沒睡，煩惱著要怎麼做才好。艾琳猶豫不決，艾瑞克希望讓我自己做決定。我花了好個幾小時的時間跟其他參加過治療計畫的家長通話，他們信誓旦旦表示效果很好。

經歷百般掙扎且精疲力竭之後，我終於決定要打破承諾。這無疑是我最不忍心的決定。我知道要他原諒我，至少也得等好幾年過後。或許那時候他根本無法理解，不管再痛苦可怕，我們這麼做都是為了他好。我感覺像是要切斷自己的手臂一樣。

少年勒戒所的事以令人匪夷所思的結局落幕。奧利弗在那裡待了兩個星期後，我們頭一次去探望他。他狀態很糟，悶悶不樂、忿忿不平又不理人。我們離開時一直很擔心自己做錯了。但相隔五週，第二次去看他時，他就有了驚人的變化。他整個人容光煥發。他交了一群朋友，再度開始畫畫和閱讀。他房間裡有許多從下加州海灘撿回來的美麗石頭和漂流木。他的思緒表達清楚、堅定又直接，雙眼明亮有神。我對這個轉變欣喜若狂，很高興兒子回來了，變回那個我心愛的奧利弗。

可是探訪的隔天，又是一場災難。我們單獨跟他在一起時，他跟我們說，他被勒戒所的主任騷擾。我嚇傻了，恐懼又不敢置信。我的震驚與其說是針對這個指控，更多是對於這之間的矛盾。要怎麼把受虐和我眼前這個快樂的男孩聯想在一塊兒？不過奧利弗的朋友克里斯似乎也證實這個說法，表示聽聞其他人遭遇同樣的事。

到底是真是假？艾琳和同樣前來探訪的克里斯爸媽都寧可信其有。他們態度堅決要孩子立刻離開這裡，甚至也不要去對質了。我怕要是我不相信他說的，他會覺得我再度背叛他，只好順著他的意思，等他們一收拾好東西就離開。其他事情就等回到聖地牙哥再說。

最終我們還是不知道事情的真相。奧利弗不願多談。他有可能說了實話，但就算他跟那裡的人發生不好的事，也無法抹消待在美麗的環境裡七週，遠離毒品所產生的正向效果。也有可能他要手段操控情勢，好讓自己可以回家。他絕對有這個本事。哪個才是真的？我永遠都不會知道了。

靜靜坐在他的公寓裡，回想起這段糟糕的往事，我腦中充斥著關於兒子人生際遇的種種不確定感。我像是被巨大的重量壓到快要窒息。過去十年來的惡夢，變成一串歪曲醜惡的謎團出現在我眼前。我不曉得他為什麼會染上毒癮。我不曉得他為什麼堅決抗拒治療。我不曉得他被不斷折磨心志的精神疾病纏上了多久或多深。我不曉得他為什麼自殺。

13

「達芙妮，妳看起來狀態很好，像在發光一樣！」我脫口而出，才想到就算她是芮貝卡的樂團夥伴，我們也算熟識，但在舞台前這樣跟她打招呼似乎有點太冒昧了。

她笑出聲來，停頓一秒後說：「對呀，我真的覺得很棒！我剛做了一個有趣的體驗。」她遲疑半晌，像是在考慮要不要分享她的祕密。她說：「我覺得最適合做這件事的人，是你！你一定會愛的。」

她口中說的「這件事」，指的是參加約翰霍普金斯醫院的一項專題研究，自願參與者會取得高劑量的賽洛西賓（psilocybin），俗稱「迷幻蘑菇」

中的精神活性物質。「它讓我煥然一新，」達芙妮說，她的氣色變得比以前還要好。她知道我愛好哲學，怪不得覺得我會對致幻體驗感興趣，因為據說這種體驗可以改變意識狀態。

雖然我成長於嬉皮世代，抽大麻我也有份，但我從來沒有吸食過迷幻藥，或嘗試其他有致幻效果的藥物。我不只一次受到誘惑，但最後都不敢碰，心裡害怕會陷入常聽到的麻煩，像是絕望感、停不了的幻覺，甚至是基因突變等問題。但我確實懷有一絲好奇，而現在有機會能在安全的環境下體驗精神藥劑，我躍躍欲試。出於好玩，我打了達芙妮給我的霍普金斯醫院電話，沒想到立刻就拿到了參與研究的名額，受邀去參加初步訪談。

這是在奧利弗自殺前兩個月發生的事。然而，在他死後，我似乎不可能再去讓自己進入迷幻的精神狀態。我覺得自己已經過得恍恍惚惚。又過了半年後，我接受精神分析已經好一段時間，才再度興起這個念頭。它感覺正符合我的需求。多次坐在芭芭拉的診療沙發上，我對分析過程感到不耐，渴望能換換其他方法來探索內心。我想要推自己一把，也讓別人推我一把。就算可能要付出痛苦的代價，我還是想要探索自己的靈魂。

我打給瑪莉・科西曼諾（Mary Cosimano），她是將近一年前負責訪談我的研究員。沒想到研究的名額還有空缺，不過協議的內容有所更改，不像達芙妮那時施用單一劑，而是在數個月中分五次進行——四次活性劑和一次安慰劑。還有一點我很感興趣。這個新研究特別關注賽洛西賓的精神作用，許多原住民族長久以來就是用這種物質進行心靈探索和轉化的儀式。

這個最新實驗是由羅蘭・葛莉菲斯（Roland Griffiths）主持，他專門研究尼古丁和咖啡因等多種化學物質在精神方面的作用。研究目標是要回答一個簡單但有趣的問題：攝取某種物質是否可能觸發靈性體驗，或至少改變一個人對靈性的看法？尤其值得探索的是，這次使用的物質是源自較常見的蕈類的天然產物。

麥可・波倫（Michael Pollan）的著作《改變你的心智：用啟靈藥物新

科學探索意識運作、治療上癮及憂鬱、面對死亡與看見超脫》（*How to Change Your Mind: What the New Science of Psychedelics Teaches Us About Consciousness, Dying, Addiction, Depression, and Transcendence*），巧妙探討這個提問。羅蘭．葛莉菲斯就是書中的要角。我作為受試者，也接受了波倫的訪談，並且節錄我寫下的賽洛西賓使用心得。

當然，參與這項研究的機會之所以誘人，特別是因為我想去嘗試奧利弗做過的事，親自體驗強效藥劑的效果。我曾向芮貝卡坦承，我想要試試海洛英，以便理解奧利弗究竟體驗到什麼。我想要親自經歷他的經歷。「你瘋了嗎？」她立刻反對。「這真是離譜的想法。絕對不可以！」

我頭幾次去霍金斯灣景醫院的行為科學大樓時，完全沒有接觸到精神藥劑，主要都是在填寫各種問卷。有一題是我的用藥史（坦言自己沒什麼經驗很容易），還有幾題是靈性信仰（我在人生不同時期，對於信仰有時投入、有時疏離，而現在我比較像是一個不可知論者，偏向無神論）。

更有趣的是，接受瑪莉和他同事麥特・強納森（Matt Johnson）的訪談，他們是在我每次用藥時的照顧指引者。每次實驗要花六個小時以上，就在這間用藥室裡進行。這個房間完全不同於我看過的醫院空間，比較像是一個舒適的小客廳。他們親切提問以便了解我從小到現在的個人經歷，同時翻閱我依指示帶來的相簿當作參考。這些初步接觸期間建立的關係，對後來的用藥體驗具有很大影響。不久我就明白，對於體驗的預期，以及對藥物的影響感到自在和安全的程度，明顯左右了實際的藥效。這就是他們所說的「心境與環境」。

奧利弗的生與死當然也是這些討論中的一環。我拿奧利弗的照片給他們看，一張是他小時候，另一張是他二十二歲生日時拍的，看著看著我眼眶泛淚。對於我身處哀悼期所受的煎熬，瑪莉和麥特似乎不覺得會對用藥實驗造成疑慮，我覺得驚訝但也感到欣慰。

第一次用藥時間到了，他們鼓勵我接受一切發生的變化和出現的景象。

「你可以把它想像成是上外太空，」瑪莉說。「不管看到和感受到什麼，盡量抱持開放的態度。每個人對用藥的體驗不同，可能會出現痛苦的迷失感或焦慮感。你可能會感到很害怕。而最好的處理方式，就是不要抗拒。任憑一切發生。如果出現恐怖的幻象，就走向它，伸出雙手擁抱它，它可能就會化成不同的東西。」

實驗協議中，要求所有受試者必須在每次用藥體驗後寫下詳實紀錄。以下是我第一次紀錄的濃縮版。我後來知道，這是我接受最多劑量的一次。

第一劑賽洛西賓使用紀錄，二〇〇六年十二月一日

施打完第一劑以後，我坐在沙發上不過半小時，就感覺到身體的異常——沉重、動作遲鈍，彷彿在黑暗又溫暖的水中不斷往下沉。我的時間感扭曲變形，速度變慢，對於當下的感受更加強烈。戴著舒適的眼罩，聽著耳機播放震撼人心的古典音樂，我覺得有點迷失方向。

眼前變得混亂失序，像是看著巨大無比的洞穴，洞穴頂部閃爍著亮光且不斷晃動。光暈漸漸擴散，隨著音樂節奏擺動，讓人眼花撩亂。接著出現一團團巨大的不規則形狀，震盪和跳躍著。我感覺自己懸浮在某個星系中，無處不是生機。

我早就察覺藥物的致幻效果會隨著我的主觀態度起反應。如果我焦躁緊繃，整個景象就會不安地持續收縮。視野中的閃光拖曳出歪歪斜斜的軌跡，讓我心浮氣躁。但要是我有意識地提醒自己要放鬆、跟著體驗走，那麼我所處的空間就會變得柔和，豁然開闊起來。我會感受到無限的寬闊感。

絕妙音樂的穿透力不斷震撼著我，有時候力道強勁到令人難以承受。某一刻，我被聲音帶來的情緒波濤淹沒，只好拿下頭戴裝置休息。情緒稍微穩定之後，雙眼突然見光而眨呀眨，我用一種莫名清晰的幽默感在心裡想著：「我竟然還活著！看來經歷過如此的美妙是死不了人的！」

致幻體驗的中途，我感到完全失控。我脫離了現實感，無法判斷自己在哪裡、發生了什麼事。從很多方面來說，這種感覺是整段體驗中最新奇，也最讓人害怕的。有一種因果錯置的現象。不管是音樂變化，或是瑪莉握住我的手，似乎都正好配合我的期望，好像我自己都還沒想好之前，願望就已經實現了。我又驚又喜。

我心中不自覺開始冒出對現狀的「解釋」。隨著陷入越來越深的漩渦，一部分的我試著要抓住什麼。好比說，某一刻我覺得自己就要瘋掉了。我好像聽見瑪莉和麥特在談話，以為他們就站在我面前，我很擔心自己的狀態，手足無措地想著該怎麼辦。

語言也出現奇怪的體驗。文字散落，重新連結。「芭芭拉」（我妹妹的名字，也是我精神分析師的名字）這個名字連接到「羞羞臉」，並且不斷重複產生奇妙的效果。我耳中聽見其他字詞串連成奇特的節奏。這些迴響在耳邊的字也會立刻引起幻覺。

另一個幻想是，我並不在醫院的房間裡，而是躺在芮貝卡身邊，大概在做夢吧。接著我變得焦慮又激動，因為我找不到她。我就像是《綠野仙蹤》裡的桃樂絲到了奧茲王國，一個未知的神祕之地，不知道自己怎麼跑到那裡的，也不知道怎麼回去。

狀況越來越糟糕。我想上廁所，不知道這是不是一種幻覺。接著我開始想，在這裡尿出來也無所謂，反正這一切都不是真實存在的。我移動手臂，沒有遇到阻礙，於是我開始懷疑：我真的在移動手臂嗎？或者我只是想像我在移動手臂？我要怎麼知道現實與幻想的差別？某個時刻，我停止聽音樂，但還戴著眼罩，我感覺到自己從桌上拿起一張紙，我很感激能摸到一個實際的東西。手中揉著紙的聲音如此響亮，比正常情況下更加清楚而真實。這種情況非但沒有讓我安心，反而又一次證明了，一切都變得那麼不真實。

接下來我想到另一個更嚇人的解釋：我對海洛因上癮了。這就是奧利弗有過的經歷吧！就在愁雲慘霧中，我一心想要以極端的方式與他同在，結果卻連我自己也成癮了。失去兒子的悲傷讓我變成現在這樣嗎？我要怎麼脫離這種情況？在焦慮之中，我同時感受到愉悅。我心想：「我現在知道他要追求的是什麼了——這絕對是值得不計代價獲取的。其他的事情有什麼重要？所有事情都無所謂了。」

瘋狂之中，我以為自己可能會因劑量過重而喪命，或是更詭異的是，我已經死了。現實的種種都已斷裂。但我還是想著：「死掉就是這樣的話也無妨，我怎麼有辦法拒絕這種體驗呢？」

之後幾個小時，現實開始緩慢又令人難以置信地重組起來。在一段高亢的聖樂中，我有種重新覺醒的勝利感，就像經歷恐怖長夜後，迎來嶄新的曙光。閃耀的光亮就像是國慶煙火的絢麗收場，那種振奮感格外強烈。這次用藥的過程中，多數時間我都像是沉入海洋的深處，但此刻我奇蹟似的回到海洋表面，感受到溫暖和耀眼的陽光。

使用賽洛西賓後，我的感受很複雜，但幾乎都是正面的。最主要的體驗是感謝。很大一部分來自音樂。樂聲讓人激動不已，彷彿現實本身的脈動化成了聽得見的聲音，讓我覺得生平第一次真真切切聽見音樂。而另一部分則是因為奧利弗。對於陷入精神錯亂的恐懼，掩蓋不了我與他同在的深刻感受。我對他吸食海洛因上癮多了一份同情，也深深感激有機會與他共享體驗，甚至短暫地，我變成了他。

下一次用藥，又讓我用不同的方式遇見他。

我原本希望賽洛西賓的體驗能在精神分析之餘產生輔助效果，但我第一次告訴芭芭拉這個打算時，聽起來卻有點像是違反協議，至少她是這麼想的。她明確反對這個主意，提醒我許多病患想要逃離痛苦經歷，結果卻陷入其他問題行為。但今天開始診療時，她什麼都沒說，又回到沉默的分析師角色。我想這樣也好，不知道為什麼，我不想要談及用藥的體驗。

我心裡想著更重要的事。上次分析讓我再次面對朝我步步進逼的問題。我還對殺死鱷龜那件事心有餘悸。實在很荒謬。這是我的伊底帕斯情結[5]，

5 編按：伊底帕斯情結由佛洛伊德提出，源自希臘神話伊底帕斯的故事，被視為心理病態發展的成因與精神官能症的核心，也是精神分析學家用來分析文學作品時的架構。

我想像自己是一個殺人犯。我真的符合佛洛伊德的理論嗎？追根究柢，問題在於不被承認的憤怒。我一直認為自己是個不容易生氣的人。我是一個好好先生。難道這些都是假象嗎？

只要稍微誠實，我就能輕鬆提出充分反證。說來慚愧，我常會用發射機關槍的幻想來面對現實生活中的挫折。我咬著牙、瞇著眼瞄準目標，連續發射子彈！又或者，要是我出了差錯，像是榔頭敲到大拇指這類事情，我的反應是瞬間暴怒。不只一次，我會砸毀手邊的物品，事後再感到懊悔。我還必須特別交代芮貝卡，小心別從我後面突然冒出來，因為我的反射動作就是轉身出拳。

「我想到你說過那個黑色湖泊的夢。第一次談到這個夢的時候，你說它就像是你內心的黑暗面。」

芭芭拉的話讓我措手不及，我沉思半晌。對，我確實那樣說過。她重提這件事，讓我百感交集。一方面，我很高興被傾聽和關注；另一方面，我卻有種奇怪的壓迫感，甚至感覺受到威脅。我思索要怎麼回應。

最讓我訝異的，是混濁的黑色湖水。就連清醒之後，如墨的深水依舊令我不解，因為我喜歡的向來是像透納那裡的清澈湖水。在平靜的早晨捕魚時，看著湖底所帶來的喜悅，甚至比有沒有抓到東西更迷人。有好幾年的時間，我夢想著建造船底透明的船，或是能探索湖水深處的潛艇。

他六歲的那個夏天，我們抓到一隻鱷龜寶寶，大約三英寸長。我們在湖裡游泳時，牠在湖面上載浮載沉。奧利弗哀求把牠帶回巴爾的摩當寵物養，我沒想清楚就答應了。他給牠取名叫「小龜」。我們把牠養到冬天，小心翼翼用魚肉和生絞肉餵牠。牠吃的比我們還要好。隔年夏天，牠的體型長了一倍，我們把牠帶回湖裡去放生。我們目送牠游走，牠彷彿從未離開過這座湖。奧利弗完全沒有依依不捨，讓我感到佩服。他面帶笑容，用打氣般的語調說：「再見了，小龜！」

湖泊的深度讓我既著迷又害怕。但在夢中，恐懼更勝一籌。我究竟是在怕什麼？鱷龜嗎？牠們確實是湖中怪物，我每次光腳踩在滿是雜草的湖畔濕地上，都很怕會被咬到。

突然，一切都說得通了。我在黑暗且深不可測的湖面上快速滑行。運用精神分析原則，對我來說，真正令人恐懼的，也是我最想要趕緊略過去的，不就是我內心的陰影？真正的怪物就在我傷痛和憤怒的深處徘徊？這不就是射殺鱷龜所得到的教訓？

芭芭拉保持沉默，像是附和我的想法。黑色湖水就是我的內心深處，混濁的湖水就是我混濁的心裡。黑潮底下，暗藏著我的憤怒。

我戛然而止，不相信這整套精神分析理論。我這樣不就是把精神科醫師那套把戲，套在我自己身上？它們不過是誇大的分析，千篇一律。我是不是應該把射殺鱷龜理解成弒父的行為？我腦袋出現一連串反對佛洛伊德的人，像是納伯科夫（Vladimir Nabokov）或戈爾．維達爾（Gore Vidal），這些人不喜歡佛洛伊德以僵化公式和簡略主題來解釋無意識的運作。佛洛伊德提出「鼠人」和「狼人」的案例分析。難不成我們也要弄出個「龜人」嗎？這些都太公式化了，根本是對想像的情境過度緊張。

芭芭拉依然沉默不語。

話說回來，我剛才提出的駁斥，難道只是為了否認帶來痛苦的自我覺察，削減其衝擊力，讓我得以繼續無視現實嗎？

艾琳。她是一座黑色湖泊。雖然我喜歡她的某些特質，但我一直認為自己看不透她的心思，她不讓我碰觸她複雜且從未表露的內心世界。我經常想像要揭開她隱密的一面，這麼一來，我跟她或許都能夠獲得更多能量和活力。無庸置疑，這是形塑我倆關係的主要幻想。

但現在問題來了。我認為前妻難以理解又讓人摸不透，是不是用來掩飾我不想自己被看穿，用來否認我自己潛藏的憤怒和暴力？我對艾琳這種無法理解的感受，是不是源於我自己的內心深處？我不想承認的怒氣是否羈絆了我們的婚姻？過去我總是認為，艾琳不願坦白是我們相處的最大障礙。如果說，真正的問題其實一直都是我自己未曾正視過的個人問題呢？這個質疑讓我感到一陣暈眩。

那麼是我這樣的混亂不清，才讓奧利弗對生命感到困惑嗎？他是否感受到我心中的衝突矛盾？我對他來說，也是一座黑色湖泊嗎？

週日早晨，他剛從房間走下樓，身上只穿著睡褲。九歲的他身形瘦削，皮膚白皙。我邊喝咖啡邊專心閱讀，但他似乎打定主意要鬧我煩我。他來回嬉鬧奔跑，我好幾次差點衝口怒罵。然後，咖啡灑了一地。我想都沒想就一掌打過去。他縮起身子，眼淚馬上掉下來。這掌落在他的肚皮上，留下紅色掌印的罪證。艾琳安慰我說，我不是故意的，但她的安慰只是徒勞。

在他死後，芮貝卡好幾次跟我說，我對奧利弗好像都不會生氣。沒有嗎？令人生氣的事情自然不少。除了他多次發飆在小傑心中留下陰影，還有他開槍自殺這件最嚴重的事。做出這種極端的行為，受害的不只是他自己。他竟然這樣對待安娜——她對你提出最低的要求，這些要求明明都很合理，你卻選擇走進房間，轟掉自己的腦袋？

我一時語塞，氣氛凝結。我知道芭芭拉會問我，為什麼突然轉換成「你」，像是直接對著奧利弗說話。

她的聲音比平常還要小些。「今天就到這邊，」她說。

15

昨天的實驗讓人難以消受。我到現在還能感覺到身體的反應，好似挨了一拳。背靠著沙發時，我覺得自己像是格鬥擂台上的拳擊手，跌坐到角落的板凳，全身癱軟在繩索上。

芭芭拉昨天的態度似乎特別強硬。是因為不高興我繼續參與賽洛西賓研究而故意報復嗎？我知道她對這件事很感冒。確實，我執意參加研究有部分原因是小小的反抗，想要躲開診療沙發上的嚴刑拷問。我甚至懷疑，這是不是反映出我總是在逃避的舊習性。但這種反應不是針對她個人，而是對整個分析過程進度緩慢所感受到的挫敗感。無論如何，她上一次的反應尖銳了點，給人帶來壓迫感。

而現在她立刻就把話題轉向黑色湖泊的夢境，證明了我的感覺，彷彿昨天至今的診療沒有間斷過。

「夢境後半段，你看到新屋主改建木屋，你怎麼想？」

她記得夢境細節讓我感到安慰，卻也覺得被她的問題突襲而心煩意亂。

這是一種基本的對比：黑暗對照光亮。湖泊深不見底的黑，對照木屋改建後的大窗戶透出光亮。不過最讓我感到衝擊的，是新屋主拆掉木屋重建的野心，甚至像是一種侵略性。

新屋主彷彿擁有一種不受限制的創造力，做出我們家人一直沒有足夠勇氣去做的改變。就連最枝微的細節都是種種證明。好比說，廚房的地板拉門，新屋主找到了連我也不曉得的地下通道。又或者是門廊上的低矮欄杆，像是用最少的屏障把屋子和神祕湖泊區隔開來。

這個夢境似乎顯得我的家人謹慎過頭，沒能採取想要的行動。然後，我想起來了，爺爺臨終前就是說了這樣的話。他對我父親說，他這輩子最大的遺憾，就是沒有企圖心，不夠積極。

這就是透納小屋的祕密嗎？回到緬因州那個位在國境東北一隅、人煙稀落的小鎮。還有什麼比這裡更好的藏身處？恬靜的木屋就位在漫漫泥路的盡頭，不正好能夠躲避辛苦的真實世界？我腦中有個想法揮之不去：透納營地對我爺爺來說，是否就像樹屋之於我？

這樣的解讀也吻合了我知道的其他過往。一九二九年股市崩盤後，爺爺覺得自己害其他人慘賠而難以釋懷，於是辭掉在聖路易銀行的工作，回到家鄉緬因州，在製鞋業找到一份較輕鬆的工作。然後，理所當然，父親也走上同一條路。我聽說父親在二十一歲那年（同年戰爭剛結束）回到家，告訴家人他在波特蘭的喀斯科銀行找到一份工作。奶奶滿心歡喜。「實在太好了，小迪，這工作很適合你。你爸以前就是在銀行做事。」但爺爺立刻提出質疑：為什麼不跟他一起在鞋公司上班？

爺爺和父親兩人的關係特別親密，但進入製鞋業讓父親後悔一輩子。他不喜歡這份工作。我記得他在波特蘭的製鞋廠當監工那幾年，每天晚上都倒在沙發上喊頭痛，還常常消化不良。

這或許解釋了為什麼我會在夢中哭泣，因為我覺得自己無能為力。因為發現自己無法一展所長，過得獨立又自信。因為覺得自己難逃家庭宿命。

「但你忘了一件事。」

芭芭拉出聲嚇了我一跳。我再次發現她今天介入的比平常時候更多。

「是你自己改建了木屋。是你的夢做了這件事。」

她說的沒錯。夢境裡是新屋主改造了木屋，但畢竟是我自己做的夢。是我做出的改變。我怎麼沒想到這一點？

然後我想起另一個在透納的兒時回憶。當時我八歲？或是九歲？我們想把亂七八糟的舊車庫大掃除一番。待整理的清單之一是松鼠的窩，用碎報紙、樹葉，還有工作檯底下某個大木箱裡的棉絮做成的。在這團鬆軟窩巢下面的箱子裡，裝了幾支舊風車的鐵栓。父親要我清一清。

我覺得松鼠窩有點噁心，想要用簡單的方法趕快把它處理掉，於是我想到乾脆放把火燒一燒。乾燥易燃的窩會被燒掉，只留下鐵栓。就這樣做，真是聰明！但我的計畫闖下大禍，尤其我忘記得先把箱子拿到車庫外面再點火。不一會兒，父親、爺爺和哥哥驚恐地看著木箱陷入熊熊烈火，旁邊距離不到五英呎處還擺了五加侖的汽油桶，我簡直嚇死了。

這場意外讓我更覺得自己是家中的異類。先不談重建木屋的夢，這件事暗示了我的破壞性衝動，那是過去的我從不願意承認的。事實上，我不就是在縱火嗎？

現在我不得不承認，關於透納的所有回憶、在那裡經歷過的一切，充滿了我不想面對的自我衝突。接著，我想起多年後，我跟奧利弗一起在野餐基地共度的時光。

「烏龜和營火。我們就是從那裡開始談起的。」

沒錯，烏龜和營火。它們似乎代表我對憤怒、攻擊性和野心的複雜情緒。對於這樣的理解，我感到心滿意足，這不就是我想要知道的。但不知為何，我滿心淒苦。我全身緊繃，握起拳頭。

開車回家的路上，我想起奧利弗。

他跟我不同，他是個天生的舞者。他打從骨子裡就會跳舞，或者更貼切的說法是，他流暢的動作好似沒有骨頭。他還是個小小孩時，就很會轉圈擺動身體，閉眼沉醉在音樂中，撞上牆壁和家具也無所謂，就好像韻律脈動能讓他不受任何束縛。到了青少年時期，他學會豐富的舞步，彷彿隨時能用肢體舞出一首動人的詩。

奧利弗小時候最可愛的地方，就是勇於探索和冒險。我在研究所當助教時，第一次帶的班上有個學生叫戴比．阿茲瑞爾（Deb Azrael），就住在我們家的同一條街上。她很喜歡奧利弗。奧利弗是那種會睜著骨碌大眼、對所有一切充滿好奇的孩子。好幾次我請戴比當臨時保母，而她堅持不收錢，因為她也很享受有他相伴。我在研究所工作的最後幾年，他們兩人常常一起去冒險——繞著哈佛廣場散步、沿著活水湖畔繞圈圈，甚至搭地鐵到波士頓四處玩。

他第一次下雪天出門，就在我們家外面克利夫蘭街的人行道上。那時候他兩歲，伸出雙臂隨著落下的雪花起舞，瞇著雙眼開心地任雪花輕吻臉頰。然後他兜著圈子跑，張開雙臂，像是要測試白茫茫的魔法旋風陣，看看能不能蹬著它往上跳。彷彿他就要騰空飛起。

在追尋年少夢想的過程中，奧利弗勇於挑戰禁忌，不像我總是猶豫不決。可是在他成癮的最後幾年，日子過得很辛苦，性格也越來越果斷，只不過有時候讓大家都很痛苦。就是這樣的個性，讓他開始屋頂裝修的新事業，採購工具和貨車、張羅各種大小事，並在鎮上到處宣傳。就是這份堅定和冒險的精神，讓他鐵了心要將小傑生下來。

這種「賭上全部」的態度導致他走向極端，是否也因此讓他在吸毒這條路上回不了頭？奧利弗不是個喜歡半途而廢的人。不夠有衝勁、不夠勇敢從來不是他的問題。

該不會他替我承擔了我所抗拒的那些具有破壞性的力量？這是我在夢中哭泣的意義嗎？我不想承認的那些憤怒，緊緊抓住了奧利弗嗎？難道害死他的，是我從未解決的自我否認嗎？

這些會逼得人發瘋的問題一直冒出來。我射進鱷龜腦袋裡的子彈，我一輩子都在否認的那個行為，最終也害死了我自己的兒子嗎？

16

三月十八日，星期六

我向來都對喪儀抱持一種懷疑的心態。死亡降臨讓人不曉得該怎麼辦才好，只得訴諸空洞的儀式和無聊的感傷。是誰想出那些老套，甚至不知所云的說詞？「他現在安詳了」就是經典的一句；或是比較帶有宗教意味的「他蒙主恩召了」；還有標準說法「我很遺憾」，我覺得這句話特別愚蠢。為什麼要遺憾？難不成你做了什麼錯事？我想了想，只有一個解釋說得通，遺憾是因為曾經活著，而殘酷的宇宙秩序註定會有死亡，而且它總是趁人不備之際降臨。他們的意思是：「很遺憾這個世界就是這樣，每個人終究會掛掉；

要是你活得夠久，你會看見心愛的一切從你身邊被奪走。我不知道為什麼一定得如此，所以我很遺憾。」

跟芮貝卡一起去參加喪禮時，我打起精神準備好迎接眾人基於同情所講的那一堆沒完沒了的好聽話。我武裝起自己的傷痛。我不相信有誰真的可以說出任何能夠帶來慰藉的話語。基本上我對於這整套儀式都提不起勁。

我們走進名為「靜途」（Peaceful Alternatives）的葬儀社，光聽名字我就沒有好感，但他們很快讓我為之改觀。我們在儀式開始前一個鐘頭抵達，現場已經聚集不少人，除了親朋好友，還有數十位我在大學任教的同事，有些只是點頭之交。還有許多人我根本不認識，主要是奧利弗的高中同學和他們的父母。我完全沒預料到這樣的情景。告別式會場能夠容納一百八十人，我本來以為對於弔唁奧利弗的人來說，已經是相當足夠。但此刻座位幾乎已經坐滿。我突然感到一陣莫名的恐慌，好像辦了一場活動結果場地太小，等於無法對大家言而有信。

人潮越來越多。預定的時間到了，場內滿滿都是人，有些站在走道上，有些站在觀禮席後方，還有很多人站到會場外的走廊上。這種鼓舞的力量讓我驚嘆。老朋友和完全不認識的人一個一個走向我，給我擁抱。他們不斷對我說「我很遺憾」、「真的，非常非常遺憾」，但這些話語宛如最甜美的安慰，深深觸動我，遠超乎我所想像。我心中滿溢著感激。我想現場至少來了三百人。

這一個星期以來的疲憊和絕望都消解了，取而代之是新力量的湧現。我對喪禮先入為主的印象感到慚愧，不過這份愧疚也在接受眾人的支持和同情下退散了。出乎我自己的意料，我好好唸完了寫給兒子的悼詞，沒有絕望崩潰。我鬆了一口氣。

回想起來，我很高興自己直接提及他自殺的事。連提都不提是不可能的。事實上，我想要知道，他扣下扳機會不會並非只是思慮不周的自私行為。會不會他覺得自己被困在根本無法解決的成癮問題，最後只好做了自己唯一能做的事？或許，在那痛苦的最後一刻，他決定要讓心愛的人從他失敗的戰役中脫身。或許，他決定付出自己的性命，讓家人得以擺脫他的暴力與醜陋人性的掙扎。

真的是這樣嗎？當然，我永遠無法得到確切的答案。但我很願意往好處想。這個推論也符合我對奧利弗的認識。

喪禮的結尾很動人，眾人排成一列列走向前台，點燃祭壇上的茶油蠟燭。祭壇上鋪著布，擺了奧利弗的骨灰罈子，簡樸的棺架上裝飾著綠色枝枒和花朵。最後一組人離開後，祭壇上因為數百團小火焰而發著光，室內漾著輕柔的氛圍，留下如烙印般美麗的記憶。

儀式以一段原住民祝禱文作結，抄錄自我從奧利弗的床頭櫃上找到的一張紙。

吾祖、巨靈，萬物之主，

多種稱號所呼喚的祢，
多種祭典所膜拜的祢；
允許我歸於塵土，
教導我臣服於道，
讓我成為我追隨之物，
若我能匹配，允許我循道奔赴於祢。

——阿帕契長老Apache Elder，〈伺獵中的狼〉（Stalking Wolf）

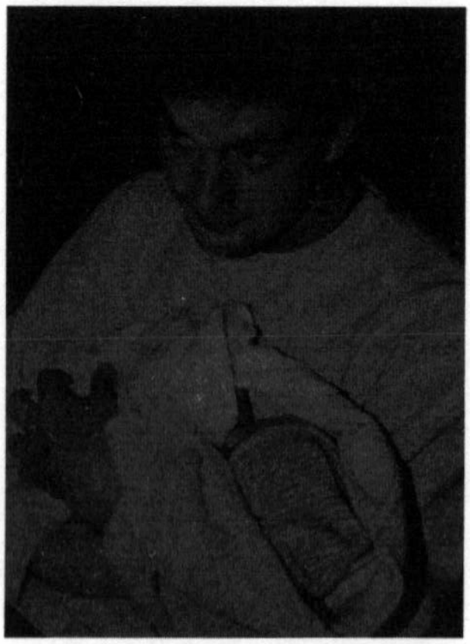

17

我很肯定第二次接受賽洛西賓體驗的劑量比較少。依然讓人感到興奮和驚奇，但沒有頭一回火力全開的那種精神錯亂感。不過前兩次的感受都算是可以預期的。這麼說不是要輕描淡寫帶過暈眩幻覺、音樂帶來的強烈情緒波動，或是現實崩解的怪異現象對我造成多大影響。藥物絕對為我帶來一生當中最強烈而有意義的體驗。我覺得自己獲得筆墨不足以形容的改變和豐富感受。現在我完全能理解為什麼眾多民族都透過迷幻物質來促成靈性成長的極端體驗。但話說回來，前兩次體驗都還算是符合我本來對於吸食迷幻藥的好萊塢式想像。

第三劑則截然不同。藥物似乎劫持了我不同的腦區。前兩回的體驗比較像是特別清晰的夢，第三次卻比較像是純然的理智變化。同樣是深度的靈魂探索，但比較不像是由感官或情緒引發，而是純粹的思考。結果遠遠超乎我所能想像的境界。

以下是簡化修飾過的回報內容，基本上也是我在用藥隔週的記事重點：

第三劑賽洛西賓使用記錄，二〇〇七年二月九日

我盡可能不去改動或過度解讀對體驗的記憶，而是把印象原封不動地寫下來。過去這一週在做紀錄時，我幾度不禁覺得難為情，彷彿那些文字會讓人聯想到庸俗的賀年卡。儘管如此，我從體驗過程中獲得的領悟，還是帶給我深深的感觸。

雖然我懷疑第三次的劑量少於第一次，但效果卻是加倍。無論是當時或後來，我都覺得這次實驗帶給我一生中最有意義且美妙至極的體驗。理由無關乎幻覺所見，不過這場燈光秀在剛開始時比前兩劑都令人嘆為觀止。這一次特別不同而震撼的，是一連串的直覺感受。即便我沒有固定的宗教信仰，要我描述的話，我會說它像是一種天啟。我覺得自己得以一窺生命的終極面貌。

這些異象伴隨著一股奧祕感，我覺得自己很渺小，還有許多未知的事，我只是瞥見了無限維度的一隅。但是每一次的啟示都讓我更加堅信。有好一會兒，我動彈不得，不是身體無法活動，而是對於啟示感到狂喜而不能自拔。每個新的異象都夾帶了驚奇和快感的雙重衝擊。我捨不得打斷這些感受。

再一次，我清楚意識到放鬆所帶來的驚人效果。每當我緊繃和抗拒時，視野就會變得扁平、晦暗和壓縮。密密麻麻的幾何圖示隨著彩色光團發出轟鳴聲，有趣卻也令人不安。一旦我讓自己放鬆下來，深呼吸把肩膀靠在沙發上，刻意舒展腹部，眼前所見的空間就會立刻敞開，更多形狀和平面顯露出來，映照出掠過的奪眼光芒。這種體驗似乎是隨著我是否能保持放鬆狀態而展開。

放鬆的技巧觸發了第一波的啟示，因為我突然領悟到：抱持這樣的態度，以及願意相信和愛的心靈，就是生命的要義和使命。我們的任務在於放下恐懼，體驗此時此刻的感受。我們要敞開心胸去體驗，放下偏見和評斷。我們是探索者，任務就是冒險體驗。我再次想到瑪莉以太空人作為譬喻——隨火箭發射到太空，就是為了見證前人從未看過的景象。

我專注想著，要有多大的團隊相互配合，才能將一個人送上太空。數百名工程師和地勤人員自然不在話下，還有其他默默無名的工作者，負責鑄鐵、組裝各式零件、搭建平台和鷹架承載火箭，還需要有人製造和裝載燃料、種植和包裝食物、縫製太空衣和製造頭盔等等。還有不為人知的數千名研究人員和理論學家，包含數百年來的太空學家、數學家以及物理學家，沒有他們，誰都別想擺脫重力的控制。這個想像也讓我看見推動宇宙冒險的背後，人與人之間廣大的交流脈絡。

接著，我深深體悟到：每一個人都是這樣的太空人。我們都是得天獨厚的探索者，每個人都有自己的獨特旅程，因其他人通力合作而能夠啟程。在這張人際網絡裡，首先最明顯的就是家庭，然後是支持家戶的更大社群，以及支持這些社群的國家，乃至於更大的文化圈，最後則是為今日奠下基礎的過去世世代代。我們經歷的每一刻，都是由他人構築出的交流網絡所促成，而且裡頭大多數人我們都不認識。

沉浸在這個想像中，我對神的本質有了更深體悟。在一般人的想法中，以神的境界為終點，也就是一切宇宙旅程的目的地，以及我們奮力奔赴的終極目標。我們都是用自己方式接近神的朝聖者，一路上受到恩賜的指引。跟隨著神撒落的麵包屑，我們終將抵達祂的身邊。

觀念校正像是一陣強風吹來。神不是目的地，而是旅途本身的精神。神存在於過程之中。真相令人感到震驚且喜悅，因為神不是完結和封閉的存在，永遠在巨大虛無的另一端等待著我們。相反的，神本身是一種持續的過程，因為愛與期盼的力量而茁壯。就連神也不會事先知道我們在旅程中會找到什麼。這是我們自己的功課。神並非在遠處等著我們，祂就在我們身旁。甚且，祂在我們的裡面。神用我們的雙眼在看，用我們的雙耳在聽，用我們的心在感受。神透過我們的視覺、聽覺和觸覺而「成為神」——只要我們真的能夠看見、聽見和感受。偉大的太空人、偉大的探索者、偉大的朝聖者，踏上一段啟發的旅程，這就是神。

即使這些思緒在我腦中來回穿梭，我卻能清楚意識到，這場「啟示」不只悖離正統教條，而且是最極端的神學思想。我好像能與自己的精神思想保持一定距離，對它們進行批判和學術探討。這樣的觀點不同於神作為永恆不變的存在，反而認為神是不完整、完全接納人類的，祂是純粹且充滿無限可能性的愛的節奏。這個令人目眩的感知美妙絕倫，但部分的我依然可以保持旁觀。連我自己都忍不住想笑，這就是我數十年的哲學訓練搭配迷幻藥的結果吧！

接著，奔流般的領悟突然轉向。是因為我的笑造成干擾嗎？神的主題與同一時間在另個平行軌道上運行的一連串想法交會了——關於奧利弗的想法。

在這次用藥一開始，他就回到我的腦中，清晰且強烈。我有一種奇怪但無比確信的想法：奧利弗是我現在唯一知道的事。我覺得自己可以進入他的內心。在他死後的餘波盪漾中，我就隱約感受過這種奇蹟似的連結。真實的他似乎從癮症的醜惡、痛苦和殘酷中解放出來。我在悼詞中試著描述這種感受。現在，藉助藥物的效用，我覺得自己進入一種磁場，能緊密連結到奧利弗的本質。同時，我也感到很矛盾，只有在他死後我才能夠與他再度連結。只有在永遠失去他以後，他才會回到我身邊，這該有多麼令人驚慌失措、多麼令人痛心。

如臨深淵、如履薄冰，難以理解的喜悅和痛苦交錯，以及更多啟示相互交融，感受越來越強。第一波衝擊是奧利弗死後竟更有存在感，他在死亡中活了起來，在失去他以後，我們父子才得以相聚。

接著，對神學和哲學傳統的各種反思全都合為一體，彰顯出死亡與失去的奧祕。死亡、失去和失敗，都是讓人覺得負面和否定的，但其實它們並非表面看起來那樣。死亡不是終結，而是開始。當一扇門永遠關閉時，才是真正的打開。以正確方式解讀的話，死亡並不存在，因為我們心愛的人死去後，會重新出現在我們面前，變得比生前更有力且更純粹。從冥界回到我們身邊的是已故者的靈，它們因走過死亡而得到淨化。

想法翻湧，我覺得快要承受不住，卻也無法閃躲。實際上，一切來得太快。我甚至感覺到，只要我用雙唇對著眼前這片虛空說出問題，答案就會立刻浮現。我領悟到，愛是萬物的本質。靈性的成長和揭露，就是愛的自我實現，別無其他。

就像植物要經過修剪才能長得繁茂，愛本身也要經歷持續不斷的磨難才能展現它的美。愛的實現就在我們的靈魂裡，而那裡面沒有任何東西是會完全消逝的。

這樣的想像是關於寬恕的本質，對內對外皆然。愛的所有傷痛和失落，無論是對自己或他人，最終都在更大的整體中獲得包容和救贖。正因為愛需要磨難，所以它需要死亡。唯有透過死亡，愛才能得到淬鍊。這種感覺像是對俗諺「愛戰勝一切」的全新見解。

我不曉得這樣的啟示持續了多久，可能只是特別緊湊的十五分鐘，也可能經過三個小時。回到「真實世界」後，我彷彿經歷風暴洗禮而全身虛脫。後來好幾天，我整個人像是在海灘上被暴風摧殘的棕梠樹。但確實如精神藥物的矛盾效果，我也覺得異常能夠專注和放鬆。

要怎麼理解這整件事呢？有趣的是，我確實樂在其中。過程中，我還忍不住開起自己的玩笑，腦中出現一九八〇年代的反毒電視廣告。畫面中有顆雞蛋被打破後掉入熱燙的平底鍋，搭配著「這是你的腦袋」，以及「這是你吸毒後的腦袋」的台詞。

不太正經，但確實如此。體驗完後，我閱讀學術界人士最愛讀的背景資料，結果發現我看到的神祕異象在攝取賽洛西賓後算是很典型的反應。看來賽洛西賓及其同家族的精神類物質被叫做「啟靈藥」，並非浪得虛名。

精神用藥可用於探索心靈的神祕力量，是它獲得伍茲塔克世代（Woodstock Generation）[6]喜愛的主要原因，也引起一九六〇年代研究者的關注，他們的研究成果相當可觀。可惜的是，自從尼克森總統在一九七一年宣示「反毒戰爭」開打後，幾乎所有研究都遭到埋沒和遺忘。到了最近，相關科學研究才又在幾個領域重新展開，包含羅蘭．葛莉菲斯在霍普金斯的研究。除了我參與的試驗裡提到對靈性層面的關注，葛莉菲斯團隊也將賽洛西賓用於戒菸人士、憂鬱症或強迫症患者，以及面對癌末診斷出現恐懼和憤怒症狀的人，並且取得驚人成果。根據我自身的體驗，我懷疑極度悲慟也適合列入其中。

神經科學家認為，賽洛西賓這類藥物特異的效果來自影響大腦的抑制系統，也就是所謂的「預設模式網路」（**default mode network**）。其功能在於建立穩固的自我感，清楚分別自我與非自我、主體和客體。在藥物的作用下，原本讓我們可以對現實世界保持秩序感的明確區分，因藥物使腦部突觸網路中不同區塊產生短路而相互融合。結果就是我感受到的那些體驗。

當然，問題在於我們所熟悉的那種日常世界，那個不是由藥物誘發的世界，那個有務實的心智和穩定的自我認同的世界，是否能夠稱為「真的」現實。反過來看，它不就是把這個世界變成較灰暗且扁平，從而比較容易應付？對於哲學家來說，這是一個值得深思的問題。

---

6 編按：伍茲塔克是六〇年代大規模的搖滾音樂祭，對流行文化留下深遠影響。

換個角度來看，賽洛西賓帶來的奇幻異象不可思議地貼近我實際的生命經驗，讓我打從內心感到踏實。實在難以否認這場精神風暴讓我對世界產生的深刻體悟，遠勝以往所能達到的境界。

或者，這一切只是我自己的痴心妄想？

18

今天與芭芭拉的面談快到尾聲時，我心裡冒出一段回憶。奧利弗剛滿十九歲。那是他搬來跟我和芮貝卡同住的一年半前，就在他自殺前約四年的時間。他和我在馬利蘭大道上的小公寓住了一陣子。他翻閱我寫的一本書，內容是關於「獻祭」在宗教和心理層面的意義。

「老爸，」他問道。「這是在講什麼？」

我簡短說明獻祭是刻意犧牲某樣東西，利用刻意摧毀有價的物品來召喚神聖力量。我告訴他，許多文化會以死亡獻祭，讓聖靈降臨。

奧利弗不假思索回應：「那就是我，我就是那個被摧毀的東西。我是個祭品。我把生命耗在毒品上。」

這樣的說法讓我很震驚，他隨後的闡釋更是令我訝異。

「我浪費自己的才能，」他說。「我虛擲光陰，耗費心神，我放棄了希望和未來，而且我是刻意這麼做的。這是為什麼我必須吸食海洛因，因為那是最極端、最浪費一切的事情。」

「但是為什麼，奧利弗？你為什麼必須這麼做？」

「我不知道，」他說。他停頓片刻，接著說出讓我很吃驚的話。

「我覺得我必須染上海洛因，因為那是老媽最害怕的事，」他說。「我覺得自己要去做最讓她害怕的事情才行。」

我完全無法置信。他怎麼會認為自己是被犧牲的祭品？他必須去做母親最害怕的事又是什麼意思？我試著追問他，但沒有得到什麼結果。我笨拙地想要鼓勵他，我認為或許他需要先沉潛、淨化內心，迎接新的開始。或許最後他可以邁步向前，重新掌控生活。但他沒什麼都沒有說，我們就轉移到別的話題了。

他死後，這段對話縈繞我心頭。難道自殺是奧利弗自我犧牲的傾向所造成的結果嗎？我想到希臘悲劇裡亞格曼儂（**Agamemnon**）的女兒伊弗吉尼亞（**Iphigenia**），她必須做出犧牲才能起風讓愛琴海上的船隻駛到特洛伊城。奧利弗的生與死也是罪與惡的悲劇性轉化嗎？

一時間，整個悲劇有了意料之外的新面貌。阿楚斯家族的敗亡起於賽斯提斯的婚外情。奧利弗是否重演了這個事件的翻版？被他發現我有婚外情，是讓他走向滅亡的起因嗎？

實在令人痛苦又難熬。我對於把事情描述得如此悲壯感到丟臉，彷彿我的人生如荷馬史詩一般。但我終於抽絲剝繭解開自己在奧利弗的死亡中所扮演的角色，那是我一直以來的懷疑和恐懼，無法好好述說，也無法承認。而現在我終於沉到自己的黑色湖泊裡。

之前我認為奧利弗承襲了原本應該屬於我的怒氣，他懷著我內心奮力抗拒的那股能量。但萬一觸發他心中怒氣的，就是發現我對婚姻不忠呢？

芭芭拉聽著這一切，沒有發表任何意見。她的沉默讓我越來越痛苦。然而我的思緒並沒有停下來。

如果這個觀點是正確的，是否解釋了他頑固地拒絕治療的原因？奧利弗掉入了不完全是由他自己設下的陷阱，甚至他無法分辨是不是想要踏入其中。有沒有可能，他抗拒治療是出於想要保護我的動機，讓我不用去面對我讓他失望的各種問題？這樣的想法讓我很不安。我們兩人之間的情感真的如此糾纏不清？有可能嗎？

芭芭拉繼續保持沉默，像是要確認我是不是真的想要聽到回答。

「我沒有見過奧利弗，也沒有和他談過話，沒辦法說些什麼。」

確實，但妳是精神分析師，我只是在問妳有沒有這種可能。

「你希望我推測看看。」她拒絕回答這個在我看來很簡單的問題。

芭芭拉一語不發。我快要喘不過氣來，我覺得自己走到了這整個可怕故事中的最低潮。

「你又開始想著自己的愧疚。」

對，我就是要說愧疚的事。不行嗎？我知道精神分析對於罪惡感會怎麼處理，目的就是要減輕患者的自我懲罰。但這不像是心理上的罪惡感。事實上，整個累人的分析過程，反而讓我的罪惡感加深。它揭露了我的自我逃避和自我欺瞞，卸下我聊以自慰的幻想，否定我平常用來感知的方式。我就像是伊底帕斯，他去追查殺父凶手，結果找到的凶手就是他自己。我努力尋找關於奧利弗死亡的真相，結果卻發現自己也參與其中？

我聽見芭芭拉吸了口氣，我迫不及待想知道她接下來要說什麼，希望能找到解答，得到解放自己不安的評論。我在等待裁決，或是祝福。

「我們今天就到這裡結束，」她說。

面談結束後，開車回家的路上我一邊思考著這些結果，重新回顧了整個精神分析的過程。剛開始治療時，我除了想了解自己，以及我在兒子死亡中扮演的角色，另外就是單純想要有個說話的對象。強烈的悲傷帶來了孤獨和可怕的孤立感，彷彿哀悼會讓人覺得自己缺乏價值，不能與別人接觸。在我們最迫切需要陪伴時，卻無法接受他人的陪伴。在悲傷中，我們變得脆弱；我們不僅是因為失去摯愛而受傷，也因為難以言喻的羞愧感而受傷。哀悼者就像是因痲瘋病而被隔離的人。

因此，參與喪親團體，認識其他同樣悲傷的人，能夠帶來很深的慰藉。除了他們，還有誰懂得這份悲傷的沉痛？但即便在這樣的團體中，開口訴說也很難，就算對象是有同樣處境的人，說出自己的感受似乎只會讓自己更覺得沒有價值。所以我的做法是付錢請人聽我說話、忍受我的啜泣。

萬萬沒想到，精神分析治療確實突破我的內心並將其翻新。黑色湖泊的夢境依舊讓我顫抖。但現在我了解，夢中那片漆黑，其實結合了我的悲傷和一直隱藏著的怒氣。我本來就知道，憶起射殺鱷龜是很重要的一刻，現在我更明白，它的重點不在於釋放記憶的情感衝擊，而是賦予黑色湖泊更多解讀的空間。

這種突破要歸功於芭芭拉的從旁輔導。她給我新的領悟，她尖銳的回應像是看準時機出擊。她簡短而正中要害的提問使我震驚。奇蹟般的效果改變我整個看法。她所做的，無非是重複我自己說出來卻不願意去聽的內容。黑色湖泊是我的一部分。我在自己內心的黑暗中滑行。木屋大肆翻修也是我自己的意念使然。我原本拒絕承認自己的行為，沒能接受屬於我自己的那股狂暴之力。接著，後續的推論自然而然出現了。

我還領悟到另一件事。我緊抓著自己的罪惡感不放，為的是要抵抗這些推論。在那個當下，我隱約感到自己太過沉溺於罪惡感。我很容易就因為芭芭拉不回答看似簡單的問題而感到惱怒。我是故意的。現在回想起來，我不禁覺得這麼做是為了報復她逼得我必須面對自己內心的灰暗。

用罪惡感包覆自己是為了要獲得掌控感，宣示我才是自己的主宰，讓自己承擔起一切責任。罪惡感帶來的痛苦，總好過在診療沙發上接受分析而把自己原有的認知搞得天翻地覆。我寧願用罪惡感打擊自己，也不想要接受我所建立的自我形象帶有自我欺瞞的傾向。我否認自己隱藏著暴力面。怪不得我想要指控自己。我這輩子都在欺騙自己，明白這一點很重要。我一直活在自己建築出來的世界。

癱坐在書房的閱讀椅上，繼續思索著精神分析的結果，自我指控這件事反而變得疑雲重重。到目前為止，精神分析讓我學到很多關於自己的事，這些領悟十分準確，卻也令人痛苦——正因為痛苦，所以才知道是對的。可是把這些看法套用在奧利弗的身上，對嗎？有什麼證據可以佐證嗎？

何況就算我整理出的想法大致是對的，那就是事件的全貌嗎？如果奧利弗陷入我們父子關係的內在衝突（這點肯定有幾分正確性），還是有其他變數會影響到事件的最終結果。

我不知道有哪些先天因素影響奧利弗染上毒癮。戒毒輔導員和專業人士指出成癮和生物基底（Organic bases）有關。有些人認為百分之十左右的人在基因上有成癮易感的傾向。我兒子年紀輕輕碰毒，是點燃基因炸彈上的導火線嗎？

或者他這麼做是一種自我藥療（self-medicating），為的是控制可能的精神疾患？不只一次，有人告訴我們，奧利弗的精神狀態像是雙相情緒障礙的表現，但因為他正處於藥物濫用的情況，所以沒辦法做出可靠的診斷。他會自殺是因為躁鬱症沒獲得妥善治療嗎？

他本身也是問題所在。他做出這些不好的選擇，難道他自己不用承擔一些責任嗎？芮貝卡曾經懷疑過，奧利弗拿我跟他母親離婚當作擋箭牌，掩藏他自己的失敗，尤其是對毒品的依賴問題。

在國高中時期，他和一群孩子混在一起，做出不少問題行為。奧利弗有個死黨的母親，在我、艾琳和其他家長不知情的狀況下，迫於情勢答應讓他們到家裡喝酒和吸大麻，條件是要到屋外某個角落。她自我安慰說，這樣他們至少會待在比較安全的地方，不會被車撞或是被逮。當然，她家就變成他們時常群聚的地方。那群孩子裡好幾個有嚴重的毒癮，共有六人吸食海洛因，一人死於用藥過量，奧利弗和另外一個男生最後選擇輕生；他是在自家車庫上吊身亡。

直到最近我才把一件件事情拼湊起來，看出更嚴重的問題。就像鴉片藥物成癮下的數千名美國人，奧利弗是先服用奧施康定後，又轉向海洛因。離開原本效果不錯但最後提早結束返家的青少年勒戒所之後，他幾乎立刻就對奧施康定產生依賴性，這是普度製藥（Purdue Pharma）大力推崇為不具依賴性但實際上會讓人成癮的藥物。奧利弗後來告訴艾琳，在他第一次吃了朋友從罹癌祖母的止痛藥中偷來給他的那一顆藥丸以後，他就再也不想要其他毒品了。二〇〇〇年代早期，滿街都是奧施康定，只不過價格高昂。奧利弗很快就吃上癮，然後開始做起其他數千名奧施康定成癮者會做的事情。他改吸食價格便宜許多且更容易取得的替代物：海洛因。有些人可能會說，最後讓我兒子走上絕路的是薩克勒家族（Sackler family，普度製藥的經營者）的貪婪和詐欺。就算現在這家藥廠已經破產，他們還是保留了從兜售致命藥丸牟取的鉅額利益。

對於奧利弗的困境，我要怎麼衡量自己造成的影響與其他相關因素之間的關聯？我不知道，我也不可能知道。

當我拿回他用來自殺的那把槍時，那面難以探測深度的黑暗湖泊再度出現了。警方蒐證留存一年後，我終於能夠申請取回。我一直沒辦法接受這把與我兒子的死有著深刻關聯的槍枝要收歸陌生人。基於這一點，再加上我也說不出所以然的理由，我認為非拿回那把槍不可。但我對於親眼目睹這把槍的一刻感到不安，而且我的反應完全出乎意料。

我把手槍從盒子裡拿出來，用雙手握住，心中湧起一陣強烈的感觸，或許只能用愛來形容。雖然不難想像我會對這把可恨的槍感到氣憤和厭惡，甚至我會想要把它大卸八塊以洩心頭之恨。但實際上拿著這把槍，我卻像是母親輕柔抱著嬰兒那樣呵護著。是因為它是奧利弗最後碰觸的東西嗎？或者我所流露的情感無關乎奪取兒子性命的槍枝本身，而是讓人想起他生命危殆的一刻，孤身一人在絕望中扣下扳機？又或者，握著他自殺用的槍，讓我心中產生令人心碎的寬恕感？我不知道。

有人可能會認為這些不確定性會讓我好過一點，讓我能躲在這些未知裡而不用面對真實。但事實恰恰相反。無法確定如何分析已經發生的事情，只會讓這一切更折磨人。除了兒子死亡的殘酷事實，整起可怕事件中，最糟糕的就是這一堵未知之牆。

這是何等諷刺又令人難受。想要探究事物的動力讓我在數十年前投入哲學領域，如今繞了一圈，我卻要不甘心地承認自己的無知。奧利弗死後，想知道為什麼會發生這種事的念頭緊緊掐著我。如果我失去了兒子，如果非得經歷這樣的傷痛不可，那麼我需要了解這件事發生的過程和原因。我像著了魔似的，說什麼都要找出答案。但這個想知道的渴望碰上了沒得商量的侷限。我無法知道的不僅是外在於我的事物，還有我自己人生的重要事實。

精神分析的過程讓我更了解自己，以及我與兒子之間的關係。我並不懷疑從中得到的領悟多數都是真實不虛的。不過，現在這一切似乎都懸於不確定性中。這種半知不解的情況，是精神分析必然的結果嗎？這麼說來，任何想要了解自我的探究都是如此嗎？是否精神分析到頭來是一種悲劇性藝術，一個讓我們去面對生命根基、形塑靈魂的境遇與人際關係的過程，而這些向來都是有缺陷的，追根究柢也得不到完整的解答？

19

三月十二日，星期三

過去幾個月來，出乎我的預料，我覺得好過多了。接受精神分析治療似乎帶來效益。這麼痛苦的過程卻能化解痛苦，真是一件奇妙的事。

這也指出一種矛盾：痛苦得到一定程度的釋放以後，有時候我變得對痛苦更加敏銳。今天早上的分析就特別難捱。

一開始我感到隱隱的不快和煩悶。我講述著和芮貝卡因為一件小事起爭執，我說得吞吞吐吐，有一種挫敗感。然後，不知道為什麼，我又陷入奧利弗自殺的沉痛中。這節面談快要結束之際，我才突然想到——今天是他滿兩年的忌日。我之前就注意著時間差不多要到了，卻還是給忘了。

我離開芭芭拉的辦公室時雙腿發軟。開車回家的路上，我買了一包菸。我戒菸已經超過一年了。在他剛出事後，抽菸是讓我覺得與他同在的一種方法，也是一種意義不明的自尋毀滅。顯然我內心深處還是有某個部分對生死都漠不在乎。

回到空屋中，我花了一個多小時的時間翻找他的舊照片，連續抽著他死去那晚我和艾琳一起抽的菸。許多照片是在透納小鎮的湖邊拍的。其中一張是他手捧著錦龜，棒球帽簷幾乎遮住他十歲的臉龐。他目不轉睛看著烏龜，像是等著牠吐露祕密。另一張大概是他十四歲時拍的，他半轉過身看著我，眼神顯露出難以辨別的情緒。還有一疊他去尼泊爾和西藏旅行的照片，每一張都閃耀著光輝，見證了他在那度過的愉快時光。

接著是他抱著小傑的照片，他在世的最後三年深深愛著這個兒子。我彷佛看到了自己抱著小奧利弗的情景，再度想起世代更替的神祕之處——我們是如何承繼了愛與對未來懷抱的希望。

看著這些照片，觸發了陣陣傷感。淚水模糊了視線，讓我無法再看下去。最後，一方面是因為疲憊，一方面是因為放縱吸食尼古丁，我陷入沉靜的反思。

哀悼期的第一和第二年，狀況正好相反。第一年，震驚後的麻木感，讓我得以不去觸碰最深的傷痛，但我很容易淚水氾濫。我無數次躲進安靜的書房，聽著艾爾加（Edward Elgar）的〈獵人〉（Nimrod），這也是我選擇在兒子喪禮上播放的曲子。結果總是在痛哭一場後稍得安慰。痛快地哭過，帶來平靜安寧的福賜。

第二年痛苦有增無減，像是往傷口深處扎下去，但我越來越哭不出來。時間加倍難熬。我像是一個酩酊大醉的人，吐到虛脫無力，乾嘔尤其可怕，身體痙攣蜷曲，已經沒有東西可吐。從這點來看，今早的發作算是特例。

我也想起精神分析。在如此悲傷的時候接受分析，讓我感到遲疑。我會不會太脆弱了，沒辦法好好參與整個過程？找悲傷輔導員或是加入喪親支持團體，先做止血的急救處理，留待未來再做探尋靈魂的大工程，這樣是不是比較好？

現在看來，我的悲傷剛好適合分析。悲傷已經影響了我的日常生活，讓一般活動和工作都變得無關緊要，甚至顯得荒謬可笑。奧利弗的死不只摧毀現在，也撕裂過去，把最愉快的回憶攪得面目全非。悲傷成為我跟芭芭拉面談的情緒動力，釋放童年時期數不盡的回憶和感受。

今早在芭芭拉的診療沙發上情緒爆發，不純然是個巧合。我與她兩年來的面談漸漸使我放下心防，讓我看見自己情緒的暴力面。誠然，我依舊承受

著巨大的痛苦，但我已經跨出步伐，正視失去兒子的殘酷事實，也就是他永不復返的事實。

我花了很長一段時間才得到結論。說來奇怪，現在他死去的冰冷現實反而減輕了我的罪惡感。無論我對自己有失父職感到多麼氣憤，無論我多麼害怕他的死是我的錯，失去他這件事情本身就帶來無以比擬的痛苦。事實上，我之前就注意到這兩件事情之間的差距，只是沒辦法真正接受。不只是因為這是兩種不同類型的痛苦——自我怪罪的折磨，讓我得以免於面對喪子的巨大創傷。

過去兩年來我放不下的罪惡感，幫我擋下了更深沉的悲傷。我不斷發起自我指控，藉以避免最難承受的痛苦。怪罪自己的同時，至少我有事情可做。我能夠持續對他付出、持續愛他。最重要的是，我可以有個施力點，找到自己與他的連結。

那麼他的死並非我害的？才怪。我犯了可怕的錯誤，有些連我自己都沒察覺。我將會永遠背負著罪惡感，儘管不知道這個包袱究竟有多重，但事實卻是無法否認。這是我的靈魂將獨自擔負的重量。但現在我清楚看到，我過度沉溺在罪惡感中，就像是溺水的人在巨浪中拚命抓住救生圈不放。

我這樣評估狀況是在欺騙自己嗎？我太輕易就放過自己？我想不是。事實上，我根本不想放掉罪惡感，而是莫名緊抓著它不放。我的罪惡感是給奧利弗的禮物，一種自願的獻祭行為，一個支撐下去的工具。現在，弔詭的是，卸下自我怪罪反而讓我痛苦不堪。最痛苦的事情是體認到在這條漫漫長路中，我已經為他盡了全力，卻還是不夠。

讓我撐過這一切的，是我對他的愛。領悟到這一點，我覺得安心卻也痛心。我維持跟艾琳的婚姻，有很大一部分是因為我愛他。在他成癮多年的過程中陪在他身邊，也是因為愛。對他的死感到愧疚，也是因為愛。但死亡是愛的終極考驗。死亡是最難痊癒的愛的傷痛。死亡帶來的最大痛苦，就是我們無法再給予愛，也無法再被對方所愛。

他過世滿兩年的忌日讓我措手不及。這天是週三，我不用授課，此刻我深呼吸後，思考要怎樣度過今天最合適。突然間，答案再明顯不過。我要去烏鴉湖水庫，喪禮當天，我們把他一部分的骨灰撒在那裡。他很喜歡那個地方，我們一起去過好幾次。我用很久以前我送他的那個小烏龜盒子，把他的部分骨灰裝進盒子裡，在喪禮結束後拿去撒在湖邊。此刻我再次從我捨不得告別的骨灰罈中，取出一把骨灰裝進盒子裡。

陽光普照，晴空萬里。我把車停在皮爾斯農場，這是我們在他喪禮結束後一起去吃晚餐的餐廳。接著，我走下青草坡道來到湖邊。兩年前跟一群親友走過同樣的路徑，不過這次我獨自前來。由於喪禮當天要忙著準備儀式和發表悼詞，還要張羅很多細節和關照來賓，所以我沒能好好感受整個過程。現在感覺像是我第一次走在這片土地上，親手為他送葬。

到了湖岸邊，我坐下來感受眼前的靜謐美景。怪不得奧利弗這麼喜歡這裡。從車道到湖岸之間的小徑兩旁長著高大的松樹，樹枝隨著微風輕輕顫動著。水面波瀾不興，像是一大片閃亮的鏡子。林木濃密的遠岸尚未被開墾。時間彷彿靜止了。

我腦中閃過一長串的記憶，宛如虛擬照片般存在我心裡的相簿。在他死後，這些景象常常變得像現在這樣萬分逼真，離我再近不過。過去兩年，我時常感受到兩股相反的力量拉扯，一邊是不可思議的存在感，一邊是折磨人的空虛感。他好像比周遭的事物都更貼近我，我依稀聽得見他在我耳邊的鼻息，感受到他把手搭在我的背上，但同時又覺得他與我之間相隔著死亡的那道門，令人痛苦不堪。

命運難測。每個人都依循自己的方式，走著自己的道路，也都註定有天將會奢望著能拿回被奪走的東西？如果一個人活得夠久，不都會經歷失去所有之後僅剩的這種沉痛冀求？

我陷入這樣的思緒中，但它們不久後就逐漸散去。接著，沒有多想，也不是刻意，我開始對他說起話。我特別談到一起度過的歡樂時光，在記憶一幕幕重現時幾度笑出聲來。我的心情出乎意料地輕鬆自在，有種與他相聚的美好感受，整個人輕飄飄的。我坐著許久，細細品嘗與他心靈相通的感受。話語自然流露，而且說來難以置信，我想他似乎聽見了。

寂靜再次將我包圍，說任何話都會破壞這片寧靜。時候到了，該將他的骨灰撒向他深愛的那片湖水。緊握在我掌中的骨灰像是再度有了血肉，我彷佛能夠再次碰觸到他，感受到他活著的實體。我幾乎感覺到他的身體熱度。手握得越緊，我就越強烈感受到與他之間重新建立的連結，眼淚不自覺流淌而下，彷彿我也被一隻無形的巨大手掌給緊緊握住。

鬆開手，幾秒鐘前還感覺堅實沉重的東西消失了。骨灰從我指尖飄落湖面，漾起羽毛般的輕柔漣漪，沉澱在湖底形成細緻的白色蔓藤狀。我爬上湖岸邊，回頭看著湖水，隱約還能看到波紋狀的白灰。

後方傳來樹梢的風聲，回頭看，樹頂已經染上落日的金黃。獨具風格的松樹枝讓我想起我們之前在緬因州的時光。

最後一次回頭望，骨灰消失了，我心頭一沉。恐懼讓我起了一身冷顫。我這麼快就失去他最後一絲蹤跡了嗎？不，我看到骨灰還在，只是我分神望向樹梢時，天空中有朵雲往南方飄去，倒影籠罩在湖面上，遮住了視線。這樣的交錯讓我感到溫暖，骨灰的白與雲朵的白融合，跟著美麗星球的水循環，完成由生入死、由死孕育新生的大自然奧義。

從草地走回道路上，我心中有種與他的強烈親密感，還有對於這一切的感恩。我覺得自己就站在生與死的完美交界處。他自殺後的這兩年期間，我被自己內心的悲傷給淹沒。我知道自己不想要去修復、不想要去療癒。持續內心的悲傷是我能緊緊抓住兒子的最後辦法。現在我住在那個黑暗安靜的地方，那個因死亡而靜默空無的地方。只有在那個地方我才能夠思考，才能夠呼吸。難以想像的是，那個地方似乎也是帶來力量和新生的地方。

在我破碎靈魂的某處，新的生命正蓄勢待發。我像是一個農夫，用犁具把田地挖出一條條暗色溝槽，靜靜等待著。我沒有種植任何東西，任由田地空著。但我可以感受到新事物的動靜，我手中握有新的力量，我的胸口有飽滿的氣息。

在他死後的那段時期，這種生命復返的情況令人難以忍受。我怎麼能接受內心有新的生命力開始萌芽？但我能感受到自己體內有股力量迸發，就像是隨著寒冬過去，嫩綠新芽在濕漉漉的土地上探出頭來。

突然我想起鱷龜的頭從保護殼底下探出來。龜殼內是黑暗靜默的死神之地，我們在夜裡睡夢中進入這種忘卻一切的狀態。而殼外白日所照耀的世界，難以想像地交錯著美妙珍貴的事物，穿插著不安，還有可怕的痛苦。察覺到這種現實的人，一定會想要擺脫這一切，回到黑暗的庇護所，再次進入安全寧靜的保護殼裡。不過就像那隻被我開槍擊中腦袋後又抬起頭的鱷龜，我們內心某種未知的力量總是會再度升起，即便再艱險的困境也阻擋不了。伸出頭，嗅聞未知的世界，以擋也擋不住的本能繼續活下去。

20

我們需要用另一個新的詞彙來描繪它。死亡總是令人震驚又難以理解，即使喪命的是素未謀面的人。可是當死去的是我們寧願以自己性命換回的至親時，這種痛苦需要有它自己的詞彙。

奧利弗自殺後，我擔憂地看著艾琳因此險些走上絕路。事發之後至少一年，她都有危險的自殺傾向，她深愛兒子，失去他讓她痛不欲生。在家人的說服下，她搬回緬因州住，他們希望這樣能讓她比較好過，但實際上效果有限。她有好幾年的時間都悲不可抑。

我們最終選定一座小型墓園，楓園墓地（Maple Grove Cemetery），把奧利弗的骨灰埋在一顆高雅的巨石下方，擺上簡單的銅製墓碑，如此一來，艾琳才感到比較釋懷。這個地點距離透納的湖泊只有一、兩英哩的路程，我們都覺得滿意。七月二十四日，奧利弗二十七歲冥誕那天，我們找來親友舉辦了一場令人動容的小小紀念儀式。艾琳經歷長期的孤單後，終於找到新的歸宿，或許這正是命運的安排。

我很擔心安娜能不能振作起來，但其實是我多慮了。她為了小傑，成為一個堅強的母親，彷彿她沒有本錢可以因為悲傷而一蹶不振。失去奧利弗後的第一、二年，安娜完成專業培訓，成為學校輔導老師。再過三年，她跟她哥哥在巴爾的摩消防隊的同事結婚。他們從巴爾的摩搬到賓州的曼徹斯特，生下一名男嬰，是個大眼睛的小可愛，小傑很開心當哥哥，對他容忍又疼愛有加。

如同奧利弗的預測，小傑長大後在身心方面都表現良好，擁有友善熱情的好個性。跟他相處，總是讓我幸福地重溫與他父親共度的時光。

我跟小傑最美好的體驗，是在他滿十二歲的那年夏天。那時候，安娜終於決定向他坦白說出父親過世的事發經過。他父親不是死於心臟病，而是在沉淪毒品的絕望中了結自己的生命。我們事前就說好，在告知孩子真相後一週，我要帶小傑到緬因州和新罕布夏州旅遊十天。

我們主要的行程在緬因州。拜訪艾琳奶奶後，我們三人花兩天的時間，回到我和艾琳以前住的卡斯科灣，漫步在滿是岩石的海灘上。在貝克斯特島遊玩的午後時光令人難忘。我們兩人也去了透納的野餐基地露營幾天，在那裡，我和奧利弗曾經有過許多快樂回憶。接著，我們繞路搭登山鐵道上華盛頓山頭，在雲湖渡假屋過夜。

隔天我們走出小屋，踏進戶外的寒氣中，開始往下坡前進，在快抵達森林邊界時停下腳步，因為四周一座座山峰的壯麗景觀讓我們讚嘆不已。在鄰近小徑不遠處，我們撒下他父親的一把骨灰。當初我留下這些，就是為了這時候派上用場。我們祖孫兩人都很感動。當然，最珍貴的是，我們能夠共享這一刻。

這趟旅行後的六年間，小傑日益成長。不同於父親在高中時的墮落，小傑面對任何挑戰都表現優異，除了學業成績亮眼，也在曲棍球和足球場上意氣風發，是王牌跑衛。高中快畢業時，他獲得知名大學的錄取通知，拿到全額獎學金。十八歲時，他仍記得八歲在楓園墓碑前即興發表給父親的悼詞，並在申請大學的作文中，寫下當時走向墓前的勇氣。

就算奧利弗已經過世十五年，我現在依然感受得到清清楚楚的悲傷。這些突如其來的感受會讓我一時間難以呼吸，也許是某個電影場景、某行詩、某些音樂片段、落日，或是小鳥的鳴叫聲。我仍會猝不及防地陷入憂傷。

回頭看，我後悔沒在失去兒子後盡快加入喪親團體，否則應該能為我帶來不小慰藉。我想我之所以選擇精神分析這種面對強烈傷痛的個人方式，一方面是因為我不太信得過團體，不想要把自己攤開來給眾人檢視。我告訴自己，團體活動只是浪費時間。（當然，這種想法很可笑，畢竟精神分析需要投注更多時間和金錢。）現在看來，這證明我一意孤行的個性，也就是這樣頑固的性格，讓我冷眼看著自己的家庭。這是一種傲慢的罪，彷彿聽他人訴說失落心情，有損我獨自悲傷寂寞的壯烈氣概。還有，我想要繼續沉浸在與奧利弗之間難捨的情感。我怕在團體中表露自己的感情，會讓這樣的連結失了色。

縱使如此，大家所言不假：時間是最好的良藥。我花在精神分析上的時間確實有所幫助，讓我更深入了解自己，遠超乎過去的想像，並且解放了我施加在自己身上的某些痛苦。還有另外一些改變讓我感到驚訝——精神分析為這些改變開了門，但我想使用賽洛西賓也有助它們的出現。

奧利弗的死讓我變得更開闊，更有感情，更能夠付出愛和體會生命。痛苦沒有消失，我想它永遠都不會消失。但悲傷彷彿把我掏空了，讓我更能夠承載自己和他人的情感，就像是把葫蘆內部挖空做成樂器那樣。空心才能引起聲音迴響。我要謝謝奧利弗給我這種不可能的豐富感，他慘烈的死最終帶來一份出乎意料的祝福。

我差點拒絕了這份祝福。第一步是要允許自己卸下一些罪惡感。奇怪的是，重點不在於放過自己，而是放下他。我緊抓著罪惡感的目的是為了緊抓住他。感到罪惡比失去兒子的悲痛讓人好過一點。簡言之，失去他比較令人難以忍受。我慢慢領悟到，奧利弗不是真的不見了。沒錯，他的身體已經不在了，但他的其他部分，他的本質，從來沒有離我而去。過去幾年，有時候我會覺得他的存在感比以前更強烈，與我的連結也更深更近。

這無關乎宗教。我不是要說有一個死後的世界。道理其實更簡單。死後的生命確實存在，至少我們會覺得死去的親友並沒有真的離開。他們就在我們身旁，或者在我們心裡。

情況有了改變，我允許自己可以真正與他同在。現在，有時候我會在自己的聲音中聽見他的回音。我用他的雙眼觀看事物；有時我覺得是他用我的眼睛在看。我幾乎每天都會想到他喜歡雲，於是兀自抬頭看著雲朵的詭譎變化看得出神。我常會忍不住彎下身，端詳形狀特殊的石頭或是色彩繽紛的樹葉，這也是他的習慣。就連他願意不帶成見與陌生人交流這一點，也有部分漸漸融入我的性格中。他的人已經不在了這件事，剛開始是奇慘無比的損失，後來卻漸漸地為我帶來一種難以置信卻也無法否認的存在感。最特別的是，我現在感受到的他是來自虛無之中，像是從黑暗中出現的光亮與溫暖。

死亡篩選了我的記憶，區分碰巧發生的事跟對他最重要的事。他生前最後幾年悲慘的掙扎漸漸消散，留下我最敬佩也最愛他的回憶。我重新回想起他骨碌的藍眼珠與和善的笑容。我能看見他擺動四肢躍步前進。我細細回味他對故事的熱愛，還有整個人撲過來的擁抱。我有時候會聽見像是他就坐在我旁邊時傳來的咯咯笑聲。最重要的是，他張開雙眼、敞開心胸的冒險熱忱，讓我再度活了過來。我能夠再度接近他，有賴一件更難做到的事——我必須放下自己的執念，放下那個非要搞清楚為什麼的執念。

這個執念的力量奇大無比。他剛過世不久，它讓我瘋狂地翻找他的東西，也讓我連著三年去做精神分析。它讓我在他死後兩年就開始寫他的回憶錄。而他死去的方式讓一切雪上加霜。知道至親是自殺的，知道是他自己選擇讓我們失去了他，會讓留下來的人心痛地想要理解為什麼。當然，我們也會去想自己當初要是做了什麼，或許可以阻止憾事發生。自殺丟給我們一連串難以回答的問題。

奧利弗在世時，我對他就有很多事情不明白。承認這一點以後，我開始不再那麼執著於有關他自殺的種種未知。我不明白他為什麼這麼欣賞雲朵的美，不明白他為什麼這麼著迷於小石子和奇形怪狀的漂流木。什麼原因讓他熱烈愛著安娜？他為什麼會有如此強大的力量要保護未出生的兒子？我只能猜測，但什麼都不確定。還有那些他最愛的塗鴉，曼陀羅的圖樣背後藏著什麼故事？尤其，在走到生命的盡頭前，他不斷畫著這些圖，像是簽名一樣。有時候我會想，是不是我們在他小時候一起畫的海盜藏寶圖，給了他靈感？當時我會在島嶼的輪廓外畫上垂直線代表懸崖峭壁。他心裡想著的是這些島嶼嗎？我不曉得。

隨著時間經過，對於他成癮和死亡的各種未知，漸漸沒入關於他這個獨特個體的未知之海。沒想到這並不會讓人覺得痛苦。接受我不可能知道答案，無論是關於他死去的那場悲劇，或是他生前是怎樣複雜的一個人，反而有助於讓他回到我的身邊。

我越去想，就越困在裡面。理解的目的很大是為了掌控，它的重點不是在關注當下，而在預測未來。相反的，愛是此時此刻的。愛也可能會計較或擔心未來，但大多是出於恐懼。愛所想要做的，是珍惜現在的美好。在這喜悅的一刻，愛並未全然知曉一切。有一定的理解就足夠，無需更多。

如果說想了解的執念不可能實現，也不適合套用在愛的關係上呢？就某種程度而言，我們所有人都是行走於世的謎。不只是陌生人，連我們最親近的對象也一樣。我們會想要去探知他們的想法和感受，但他們絕不會清楚顯露讓我們看見。他們深埋於內心的東西總是我們無法掌握的。最奇怪的是，我們不一定察覺得到，這樣的無法理解正是我們愛他們的原因。

這個觀點牴觸了我們對於愛最常見的認知。戀人在怦然心動的戀愛過程中，通常心中會強烈感受到他們「懂得」彼此，而且可能因此幻想兩人在另一個時空、另一世也受到命運牽引。聖經有個非常傳神的譬喻，將交歡描寫為「識知」（knowing）對方，對此人有了「肉體上的認識」。以父母對孩子的愛來說，這種對於理解的預設似乎特別不容置疑。

然而，仔細想想，這樣的理解恐怕是一層偽裝，掩飾我們無法真正理解的事實。設想，一段新的感情充滿魔力，不正是因為我們尚未知道對方的真面目，或者在遇到一個人時產生了神祕的新鮮感？現在看來，父母對子女瞭若指掌的預設根本不可能。在我們與孩子的關係裡，重點往往不在於他們是怎樣的人，而是我們對他們的期望和擔憂，也就是以我們自身的生活經歷為範本所設定的條件。

當然，我們確實對所愛的人有一定的理解，像是他們的喜惡、癖好、習慣、生活的起起伏伏，還有他們會有的各種心情。但這些事情都只是他們的經歷和性格中的一部分，全貌卻是我們無法理解的。看著這些未知，讓我們感謝他們的存在本身帶給我們的祝福。接納這些未知，才能真正給予他們空間，讓他們可以做一個無可替代、獨一無二的個體。

我想到艾琳。我們在十五歲時認識，高中時期談起戀愛。算上經常分隔兩地的大學那幾年，我們總共在一起三十年，其中婚姻維持了二十年。我們分開很久以後，我才發現自己對她的認識有多少。我想到奧利弗說他沉淪海洛因，是故意要做她害怕的事。我也知道艾琳一直有某些難以理解的恐懼，我說不上來確切是什麼，恐怕連她自己也不是很明白。我不禁懷疑，要是我多包容這樣的不理解，我們之間的感情或許會有不同的結果。

比起其他生命經歷，死亡最直接挑戰了我們認知的極限，對生命的意義提出質疑，也迫使我們重新思考自己與逝者之間的關係。死亡剝去了我們對逝者感到熟悉的那層膜，露出底下我們解釋不了，甚至想都沒想過要去解釋的一切。人只要誠實一點，就不難承認多數喪禮悼詞的主要用意，就是要把追思記憶填入那樣深不見底的空洞裡，讓心靈獲得溫暖和撫慰。

想到過去的喪親經驗，我對外婆瑪麗安的印象深刻。她內向、不善與人來往，但心思細膩且情感豐沛。她放棄在俄亥俄州一間小型學院的美術教師職位，回到故鄉麻州照顧生病的母親，接著在教會遇見合適的對象以後結了婚，生下兩個女兒。（外婆死後，母親告訴我她曾兩度因憂鬱而住院，並且接受電痙攣療法。）我經常感受到她安靜的陪伴。我小時候她會唸故事給我聽，溫柔地鼓勵我畫畫。她讓我很感動。但現在每每想起她，我就有種困惑感。我其實對她是個怎樣的人所知甚少。

樓下芮貝卡的鋼琴旁掛了一幅瑪麗安的畫作，畫的是一個插滿水仙花的藍綠色花瓶。這個景象對她來說有什麼意義？她熱愛畫畫的動機是什麼？為什麼她在婚後完全放棄作畫？我不曉得。她大學畢業後在一九一二年夏天到歐洲旅行，蒐藏了一整個鞋盒的明信片，我到現在還好好保存著。我十四歲時去看她，她跟我說了那些明信片的記憶，她告訴我，她後來跟一名荷蘭舊識保持書信往返多年。那天下午的談話我一直記得，尤其因為我不明白她究竟在說什麼。

最難以想像、最痛徹心扉的記憶，是我母親。奧利弗死後五年，她在對抗阿茲海默症的長期抗戰中敗下陣來。我向來敬愛母親，我對她有著沒說出口卻堅定而深刻的情感。她無疑是我認識的人當中，最無私和慈悲的人。不過說來讓人心中隱隱作痛，她死後我才慢慢注意到很多關於她的事我都無法理解。她的喜悅和悲傷、夢想和恐懼，大多埋藏在她那極為無私且過度慷慨的本性下，只展露出快樂的樣子。我不禁懷疑她隱藏了多少事。

行文至此，我正看著母親的一張黑白照片，那是我小時候父親拍攝的。她坐在火爐旁——沒錯，就是在透納小屋裡。她笑著看向我，那雙晶亮的眼神比世上任何東西都更好辨認，但現在這樣的眼神沾染了我無法看透的情緒。發現自己對她所知有限，讓我痛苦又驚喜。我差點以為自己正看著一個從未謀面的女士。但此刻我對她的愛和景仰，比她在世時更加濃烈。

就算我們察覺到自己從那些毫不吝於把愛給我們的人身上，接受到情感的禮物，我們也很少承認自己多麼不了解這些禮物從何而來，又具有什麼意義。不過我們對所愛之人缺乏了解，並未減損雙方的關係，反而是成就彼此深厚情感的一環。這是人類存有的一個重要面向，我們必須接受生命的許多情境是我們無從理解的，無論是美、愛，以及稍縱即逝的感受。詩人濟慈說得好：「美即真，真即美，這就是你在世上所知道和所需知道的一切。」

東方哲人比西方人更能領會箇中道理。好比說，濟慈的話很貼近佛教禪宗的思想，認為智慧的最高境界是接受未知，即禪師所說的「未知之知」。這個矛盾所指的是，唯有接受「未知之知」這種令人體悟自身渺小的經驗，我們才能成為完整的自己，圓滿生命。奧利弗的死讓我的生命變得前所未有的寬廣。

我為了理解自己與兒子的關係而踏入精神分析，但最後是他教會我精神分析的要義。當然，分析的一環確實牽涉到理解自己。這個過程可以讓人認識自己，好好面對心理的自我扭曲。如同佛洛伊德所說的，某些無意識必須變為意識。覺察自己是必然的。對我來說，那就是戳破自己陽光的假面，察覺自己隱藏著怒氣、好勝心，甚至是暴力面。

但這種轉變式的自我認識並非清楚易辨。絕非如此。我現在明白，我們從佛洛伊德所謂的「談話治療」（躺在診療沙發上，耗費心神說出心中所思所想，不曉得這些念頭從何而來，也不曉得為什麼會有這些念頭）中學習到的最重要一課是：我們與他人之間的連結，包含了對自己及他人所無法理解的事。學習保留空間給這樣的未知，接納它們，甚至擁抱和珍惜它們，能開拓我們的視野，讓生命的力量更強大。

我兒子的生，以及他的死，引領我接觸這些生命的奧義。失去他以後，我最終得到了一種難以言傳的珍貴體悟，讓我更能夠對他人感同身受、更容易被美所觸動，更能夠超越內在潛能——不論是面對他人、這個世界，還是我自己。

作者的話

下筆為文時，我抱持著探求真相的想法，想要理解遺憾為什麼發生，以及自我探索。我略去很多細節以保護他人隱私，也避免讀者感到過於細碎冗長。我也不得不把數百小時的精神分析，大幅度且不免刻意地濃縮成短短幾節面談內容。這些書頁上的內容，包含我對奧利弗的記憶、我自己的童年和夢境，還有我在做精神分析以及服用賽洛西賓時的冒險經歷，皆已盡力如實描述。至少，忠於真實細節是我自認應該為兒子做的，是我所能夠返還給他的。

致謝詞

本書初稿在二〇〇八年夏天兵荒馬亂的那幾個月開始動筆，一方面也是為了要熬過苦難所寫。在那之後，重寫的次數說來實在令人慚愧，而且很難判斷這本書究竟是為了我自己，還是他人所寫。但我確實從家人身上獲得建議和支持力量，尤其是前妻艾琳和妹妹芭芭拉，她們兩人都讀了我不斷修訂的稿子。我跟身邊一群老友的談話也十分受用，而且帶來鼓勵，包含戴比・阿茲瑞爾、尚・卡拉漢（Jean Callahan）、卡特里奧娜・漢利（Catriona Hanley）和傑克・休士頓（Jack Huston）。

本書也獲得在羅耀拉大學（Loyola University）結識的朋友和同事協助。麥可・弗蘭茲（Michael Franz）和保羅・盧卡克（Paul Lukacs）在見證我苦思的過程，陪著我一起思考這本書的關鍵內容。馬特・馬爾卡希

（Matt Mulcahy）除了給我建議，還介紹我認識他姊姊派翠卡・馬爾卡希（Patricia Mulcahy），她以專業編輯的眼光提供了非常實用的意見回饋。馬克・奧斯汀（Mark Osteen）在撰寫自己面對兒子自閉症的回憶錄《他是自己人：陪伴自閉家人的生活》（*One of Us: A Family Life with Autism*）之餘，讀完我的寫作後也給了寶貴的建議。

特別感謝與我結識半世紀、在哲學系共事的好友德魯・萊德（Drew Leder），他幫我想出第一本作品的書名，也就本書的書名給予提議。老友提姆・斯特普爾頓（Tim Stapleton）是哲學教育的前輩，也是個撞球好手，他在定稿前仔細幫我審訂內容，給了許多一針見血的指教。遣詞用字如有神助！

本書也深深受惠於與其他學術界好友的討論，包含阿德里安・約翰斯頓（Adrian Johnston）與他妻子凱瑟琳（Kathryn），還有托德・麥高恩（Todd McGowan），他不僅跟我討論這本書，我超過十年來所思所寫的內容無不與他深談，對此我感激萬分。托德不只是我的朋友，更像是個好兄弟。另外，也要感謝好友班傑明．霍爾（Benjamin Hall），他是對戒毒與成癮治療具有豐富經驗的醫師。

與朱迪思．古列維奇（Judith Gurevich）合作，使本書和筆者都獲益良多。朱迪思在多年前把我引薦給小說《心靈出口》（*Lamb*）作者邦妮．納扎姆（Bonnie Nadzam），她提供了重要協助，讓我從剛開始拙劣的個人日誌，轉變成較像樣而能搬上檯面給讀者看的作品。朱迪思用她的招牌寫作指導術，以每次兩小時的共讀時間，掌握全文精華，所提出的指點在最終定稿前給了莫大幫助。

能和朱迪思共同完成這個任務，對我而言意義非凡，因為我們是一九八〇年代中期在劍橋和波士頓一起念書的碩士班同窗。當時我們都在摸索艱澀、令人望之卻步的拉岡精神分析理論，我們花了多年一字一句讀完整櫃拉岡的原文講義。對我來說，一起合作編寫本書就像是再續前緣，何其有幸。

最後我要將最深的謝意獻給我的最佳伴侶芮貝卡．尼可爾斯（Rebecca Nichols）。十五年來的每個時刻，她陪著我克服喪子的悲傷，付出堅定不移的耐心、細心、寬容氣度，還有不渝的愛。此外，她在讀過這本回憶錄的書稿後給出觀察入微的評論。除了擁有一流的琴藝，她在寫作方面也獨具慧眼。我們一同經歷的歡笑和淚水為我帶來救贖。

心得筆記

心得筆記

心得筆記

心得筆記

國家圖書館出版品預行編目資料

我們沒有好好道別：一位哲學教授寫給自殺兒子的告白，一段精神分析的療癒旅程
理查・布斯比 Richard Boothby 著；陳依萍 譯. --
初版. -- 臺北市：商周出版：家庭傳媒城邦分公司發行,
2022.08　　面：　公分. --
譯自：Blown Away: Refinding Life After My Son's Suicide
ISBN 978-626-318-374-2（平裝）
1. CST：自殺　2.CST：心理復健　3.CST：悲傷
548.85　　　111011100

我們沒有好好道別

原著書名／Blown Away: Refinding Life After My Son's Suicide
作者／理查・布斯比Richard Boothby
譯者／陳依萍
責任編輯／陳玳妮

版權／林易萱
行銷業務／周丹蘋、賴正祐
總編輯／楊如玉
總經理／彭之琬
事業群總經理／黃淑貞
發行人／何飛鵬
法律顧問／元禾法律事務所　王子文律師
出版／商周出版
城邦文化事業股份有限公司
臺北市中山區民生東路二段141號9樓
電話：(02) 2500-7008 傳眞：(02) 2500-7759
E-mail：bwp.service@cite.com.tw
Blog：http://bwp25007008.pixnet.net/blog
發行／英屬蓋曼群島商家庭傳媒股份有限公司城邦分公司
臺北市中山區民生東路二段141號B1
書虫客服服務專線：(02) 2500-7718・(02) 2500-7719
24小時傳眞服務：(02) 2500-1990・(02) 2500-1991
服務時間：週一至週五09:30-12:00・13:30-17:00
郵撥帳號：19863813　戶名：書虫股份有限公司
讀者服務信箱E-mail：service@readingclub.com.tw
歡迎光臨城邦讀書花園　網址：www.cite.com.tw
香港發行所／城邦（香港）出版集團有限公司
香港灣仔駱克道193號東超商業中心1樓
電話：(852) 2508-6231　傳眞：(852) 2578-9337
E-mail：hkcite@biznetvigator.com
馬新發行所／城邦(馬新)出版集團 Cité (M) Sdn. Bhd.
41, Jalan Radin Anum, Bandar Baru Sri Petaling,
57000 Kuala Lumpur, Malaysia
電話：(603) 9057-8822　傳眞：(603) 9057-6622
Email：cite@cite.com.my

封面設計／雨城藍設計
排版／新鑫電腦排版工作室
印刷／韋懋印刷有限公司
經銷商／聯合發行股份有限公司
電話：(02) 2917-8022　傳眞：(02) 2911-0053
地址：新北市231新店區寶橋路235巷6弄6號2樓

■2022年08月30日初版
■2023年12月14日初版2刷
定價 399 元

Printed in Taiwan
城邦讀書花園
www.cite.com.tw

ISBN 978-626-318-374-2

廣　告　回　函
北區郵政管理登記證
台北廣字第000791號
郵資已付，免貼郵票

104台北市民生東路二段141號B1

英屬蓋曼群島商家庭傳媒股份有限公司　城邦分公司

請沿虛線對摺，謝謝！

書號：BX1084	**書名**：我們沒有好好道別	**編碼**：

請於此處用膠水黏貼

商周出版

讀者回函卡

線上版讀者回函卡

感謝您購買我們出版的書籍！請費心填寫此回函卡，我們將不定期寄上城邦集團最新的出版訊息。

姓名：＿＿＿＿＿＿＿＿＿＿＿＿＿＿＿＿ 性別：☐男 ☐女

生日：西元＿＿＿＿＿＿年＿＿＿＿＿＿月＿＿＿＿＿＿日

地址：＿＿＿＿＿＿＿＿＿＿＿＿＿＿＿＿＿＿＿＿

聯絡電話：＿＿＿＿＿＿＿＿＿＿ 傳真：＿＿＿＿＿＿＿＿

E-mail ：

學歷：☐ 1. 小學 ☐ 2. 國中 ☐ 3. 高中 ☐ 4. 大學 ☐ 5. 研究所以上

職業：☐ 1. 學生 ☐ 2. 軍公教 ☐ 3. 服務 ☐ 4. 金融 ☐ 5. 製造 ☐ 6. 資訊

☐ 7. 傳播 ☐ 8. 自由業 ☐ 9. 農漁牧 ☐ 10. 家管 ☐ 11. 退休

☐ 12. 其他＿＿＿＿＿＿＿＿＿＿＿＿＿＿＿＿

您從何種方式得知本書消息？

☐ 1. 書店 ☐ 2. 網路 ☐ 3. 報紙 ☐ 4. 雜誌 ☐ 5. 廣播 ☐ 6. 電視

☐ 7. 親友推薦 ☐ 8. 其他＿＿＿＿＿＿＿＿＿＿＿＿

您通常以何種方式購書？

☐ 1. 書店 ☐ 2. 網路 ☐ 3. 傳真訂購 ☐ 4. 郵局劃撥 ☐ 5. 其他＿＿＿＿

您喜歡閱讀那些類別的書籍？

☐ 1. 財經商業 ☐ 2. 自然科學 ☐ 3. 歷史 ☐ 4. 法律 ☐ 5. 文學

☐ 6. 休閒旅遊 ☐ 7. 小說 ☐ 8. 人物傳記 ☐ 9. 生活、勵志 ☐ 10. 其他

對我們的建議：＿＿＿＿＿＿＿＿＿＿＿＿＿＿＿＿＿＿＿＿

＿＿＿＿＿＿＿＿＿＿＿＿＿＿＿＿＿＿＿＿

＿＿＿＿＿＿＿＿＿＿＿＿＿＿＿＿＿＿＿＿

請於此處用膠水黏貼